세상에 대하여
우리가
더잘 알아야 할
교양

28

지은이 | 옮긴이 | 감수자 소개

지은이 **스콧 위트머**

스콧 위트머는 시카코에 사는 프리랜서 작가입니다. 정치 및 과학에 관한 몇 가지 저서를 집필했습니다. 또한 만화가로 활동하기도 합니다. 저서로는 《정치 제도(Political Systems)》《스포츠와 사회(Sport and Society)》등이 있습니다.

옮긴이 **이지민**

고려대학교에서 건축공학을 전공한 후 이화여대 통번역대학원에서 번역학을 공부했습니다. 건설 회사에서 설계 및 기획을 담당하다가, 책 번역에 매력을 느껴 번역가가 되었습니다. 역서로는 《5분 동기부여자(출간 예정)》《이상해 시리즈(출간 예정)》《제국의 추락(공역, 출간 예정)》등이 있습니다.

감수자 **박성우**

서울대학교에서 외교학 학·석사 과정, 시카고 대학교에서 정치학 박사 과정을 공부했습니다. 현재는 중앙대학교 정치국제학과 교수이고 고대 정치사상, 근대 정치사상, 현대 정치 이론 등의 정치사상을 가르치고 있습니다. 주요 논문으로는 〈플라톤의 "변명"과 소크라테스적 정치적 삶〉〈플라톤의 〈국가〉와 철인왕의 패러독스〉 등이 있습니다.

세 상에 대하여 우리가 더 잘 알아야 할 교양

스콧 위트머 글 | 이지민 옮김 | 박성우 감수

28

정치 제도

민주주의가 과연 최선일까?

내인생의책

차례

※ 본문의 **굵은 글씨**로 표시된 단어는 109쪽 용어 설명에서 찾아보세요.

고대 그리스의 철학자 아리스토텔레스는 '인간은 정치적 동물'이라고 말했습니다. 인간이 인간답게 살기 위해서는 적어도 공동체를 이루고, 같이 모여 살아야 한다는 것을 지적한 것이지요. 그런데 공동체가 제대로 운영되려면 누군가는 공동체의 중대한 일을 결정해야 하고, 공동체의 구성원들이 이 결정에 따르도록 해야 합니다. 누가 이런 역할을 담당해야 할까요? 지혜로운 사람? 부자? 혹은 다수 대중? 또 이 역할을 담당한 이들은 어떤 원칙으로 공동체를 운영해야 할까요? 구성원들의 동의는 공동체의 운영에 있어서 필수적 요소일까요? 정치 제도란 이런 문제들을 해결하기 위해 필요한 공동체의 규범이자 구조라고 할 수 있습니다.

그런데 정치 제도는 인류가 정치 공동체를 이루고 살아온 이래 시대와 지역에 따라 다른 모습으로 나타나고 있습니다. 시대와 장소에 따라 다양한 형태의 정치 제도가 존재한다는 것은 '누가, 어떻게 공동체를 운영하는 것이 바람직한가?'에 대해서 사람마다 다른 판단을 내릴 수 있다는 것을 의미합니다. 고대 아테네에서 가장 바람직하다고 여겨진 직접 민주주의 정치 제도는 18세기 미국에서는 다수의 횡포의 원인으로 받아들여졌고, 18, 19세기 유럽에서 공허한 이상으로 간주되던 사회주의 정치 제도가 20세기 초반 전 세계에 실천적인 영향력을 발휘하기도 했습니다. 이렇듯 정치 제도는 일방적으로 혹은 일직선적으로 발전하는 것이 아니라, 끊임없는 실험과 실패 그리고 재도전의 대상이 되어 왔습니다. 그럼 21세기 우리 시대에 가장 바람직한 정치 제도는 어떤 것일까요? 허공에서 바람직한 정치 제도가 떠오를 리 없습니다. 지금까지 인류가 시도해 온 정치 제도를 곰곰이 되새겨 보는 수밖에 없습니다. 이 책은 역사상 존재해 온 다양한 정치 제도를 알기 쉬운 방식으로 소개하여 청소년들에게 가장 바람직한 정치 제도가 무엇인가를 사고할 수 있는 기틀을 제공하고 있습니다.

이 책은 크게 이론, 역사, 실천의 차원에서 정치 제도를 소개하며, 영역별로 적절한 사례를 들어 설명하여 청소년 독자의 이해를 돕고 있습니다. 우선, 이 책은 이론의 차원에서 정치 제도의 토대가 되는 근본적인 원칙들을 고전 사상가들의 사고 속에서 발견하고 있습니다. 또한, 이 책은 정치 제도가 비교적 최근 특히 격동의 20세기의 역사 속에서 어떻게 전개되어 왔는가를 알기 쉽게 소개합니다. 마지막으로 이 책은 정치 제도가 국내외의 정치 과정에서 속에서 어떤 구체적인 내용을 띠고 있는가를 알려 줍니다. 이론과 실천 면에서 정치 제도를 더 깊이 있게 이해하고, 궁극적으로는 더 바람직한 정치 사회를 지향하는 건전한 시민이 되고자 하는 청소년들에게 이 책은 더 없이 좋은 재료가 될 것으로 기대합니다.

중앙대학교 교수 박성우

들어가며 : 아랍의 봄

2010년 12월 17일 아침, 북아프리카 튀니지의 시디 부지드라는 마을에서 한 사건이 벌어졌습니다. 26세 청년 모하마드 부아지지는 평소처럼 가판대에서 과일을 팔고 있었습니다. 그런데 갑자기 단속을 나온 시 공무원이 공식 허가 없이는 과일을 팔 수 없다며 강제로 저울을 빼앗았습니다. 튀니지에서는 이런 경우 공무원에게 뇌물을 줘야만 했습니다. 하지만 줄 뇌물이 없는 부아지지는 강력히 항의를 했습니다. 하지만 공무원은 들은 척도 하지 않았습니다. 그는 도리어 화를 내며 부아지지의 뺨을 때렸지요.

부아지지는 뺨을 맞은 것이 수치스럽기도 했지만, 무엇보다 수많은 튀니지 사람들을 힘들게 하는 공권력의 부패에 몸서리가 났습니다. 결국 그는 극단적인 결심을 했습니다. 같은 날 오후 1시 2분, 부아지지는 시 정부 사무실 건물 바깥 도로 한가운데 서서 자신의 몸에 기름을 퍼부었습니다. 그리고 소리쳤지요. "도대체 어떻게 먹고 살란 말입니까?" 부아지지는 자신의 몸에 불을 붙였고 화염이 순식간에 부아지지의 몸을 감쌌습니다. 온몸에 심한 화상을 입은 부아지지는 끝내 2011년 1월 4일에 생을 마감했습니다.

이 소식은 튀니지 곳곳에 퍼져 나갔습니다. 수많은 튀니지인이 이 젊은이의 분노에 공감했고, 독재 정권의 타도를 부르짖기 시작했지요. 당시 튀니지의 독재자, 지네 벤 알리는 23년 동안 부정부패를 일삼으며 온갖 호화로운 생활을 누리고 있었습니다. 벤 알리 정권의 대리인들은 자신들에게 항의하는 국민들을 모두 감옥에 넣었지요.

부아지지의 분신자살에 자극을 받은 수많은 튀니지인들은 부패한 정권에 맞서 싸우기로 했습니다. 페이스북과 같은 소셜 네트워크 서비스를 통해 조직된 시위대 수천만 명이 튀니지의 모든 도시와 거리로 뛰쳐나왔습니다. 벤 알리는 경찰에게 시위대를 무력으로 진압하라고 명령했습니다. 이 때문에 수백 명의 시위대가 목숨을 잃었지요. 하지만 이러한 벤 알리의 대응은 튀니지인들의 분노를 더욱 부채질했습니다. 사람들은 계속해서 시위를 벌였고, 튀니지의 수도 튀니스를 점령하기에 이르렀지요. 결국 2011년 1월 14일, 벤 알리는 대통령직을 사퇴하고 사우디아라비아로 망명했습니다.

튀니지에서 혁명이 성공하자 이와 비슷한 반정부 시위가 아랍 전역을 비롯하여 중동 및 북아프리카로 번져 나갔습니다. 예멘, 이란, 리비아, 모로코, 시리아 등에서 저항의 불길이 치솟았지요. 자유의 부재, 부패한 정부, 높은 실업률 등으로 고통받던 수많은 국민들은 시위대를 조직하여 변화를 요구했습니다.

혁명의 물결은 이집트에서 최고조에 달했습니다. 2011년 2월 11일, 18일간의 전국적인 시위 끝에 호스니 무바라크 대통령은 사임을 표했습

2011년 2월, 카이로의 타흐리르 광장에서 시민들이 독재 정권의 시대가 막을 내리는 것을 축하하고 있다.

니다. 군대는 이집트에 대한 임시 통제권을 얻었고, 이집트인들은 지난 30년 동안의 독재에서 해방되었어요.

사람들은 반정부 시위를 통해 독재자의 탄압에서 벗어났습니다. 하지만 그다음에는 어떻게 될까요? 새로운 정부는 더 개방적이고 공정해질까요? 아니면 권력을 잃은 독재자의 자리를 대신해 더 좋지 않은 정치 제도가 자리 잡게 될까요? 어떠한 요소들이 사람들로 하여금 정치적 변화를 요구하게 만들까요?

이 책에서 우리는 정치 제도가 어떻게 변화해 왔는지 살펴보려고 합니다. 그 과정을 통해 정부가 왜 성공하고 실패하는지, 그리고 어떻게 변할 수 있는지 배워 보아요.

정치 제도란 무엇일까?

우리는 아주 오래전부터 국가를 이루어 살고 있습니다. 이 국가가 잘 굴러가려면 모두가 동의하는 규칙이 필요합니다. 허나 이 규칙을 하나로 정하기란 매우 어렵습니다. 사람들마다 각자 다른 생각을 갖고 있기 때문이지요. 이 규칙에 관한 것이 바로 정치 제도라고 한다면 자연히 여러 가지 정치 제도가 존재할 수밖에 없지요.

정치 제도

란 무엇일까요? 우리는 아주 오래전부터 국가를 이루어 살고 있습니다. 이 국가가 잘 굴러가려면 모두가 동의하는 규칙이 필요합니다. 허나 이 규칙을 하나로 정하기란 매우 어렵습니다. 사람들마다 각자 다른 생각을 갖고 있기 때문이지요. 이 규칙에 관한 것이 바로 정치 제도라고 한다면 자연히 여러 가지 정치 제도가 존재할 수밖에 없지요.

전문가 의견

정치는 공식적 · 비공식적 활동과 공적 · 사적 활동을 포함하여 인간 집단, 제도, 사회에서 일어나는 집단적 사회 활동의 핵심이다.

— 에이드리언 레프트위치 남아프리카의 인종 차별 정책 반대 운동을 이끈 백인 학생

정치 제도의 정의

모든 사람이 사용하는 길을 만든다고 생각해 보세요. 어디에 길을 만들어야 할까요? 누가 길을 만들고 또 그 길을 유지하는 비용은 누가 지불해야 할까요? 이 모든 것에 최상의 해결책을 내리기 위해서는 특정한 형태의 사회 조직이 필요합니다.

이번에는 집, 치안, 운송, 음식, 의료 등 사회에 필요한 다양한 영역에 대해 생각해 보세요. 이러한 사회생활의 각 영역에는 다양한 **정책**들이 필요합니다. 정치 조직은 이 정책을 결정하고 집행하지요.

정치는 무엇이 어디에 필요할 것인가에 대한 해결책뿐만 아니라 인간의 행위가 옳고 그른가에 대한 해답도 제시해야 합니다. 예를 들어 강도나 살인 같은 비윤리적인 행위에 제재를 가하기 위해 인간은 법이라는 정치 제도를 만들었지요. 이처럼 사람이 사회를 조직하는 방식에 관한 모든 것이 바로 정치 제도입니다.

정치 제도의 기원

정치 제도는 최초의 문명이 발생했던 약 6천년 전에 처음 만들어졌습니다. 인류는 농작물과 가축을 기를 수 있도록 하천이 흐르는 골짜기에 정착했어요. 시간이 흐르면서 무질서하던 공동체는 점차 정돈된 사회로 발전해 갔지요.

고대에는 모든 사회생활이 종교를 바탕으로 이루어졌습니다. 정치 역시 종교의 일부였지요. 사람들이 서로를 어떻게 대해야 하는지 정해 주는 것도 종교였고, 사회의 규범과 법은 이 종교의 테두리 내에서 만들어졌습니다. 그래서 고대 사회에서 종교 지도자는 곧 정치 지도자였습니다. 지도자의 다스림에 따라 필요한 곳에 물을 대는 관개(灌漑) 등 대규모 사업이 진행되었고, 이에 힘입어 사회는 번창했습니다. 지도자는 사람들을 조직해 적과 맞서 싸우게 하기도 했지요.

이러한 초기 공동체를 흔히 **부족**이라고 부릅니다. 한 부족의 구성원끼리는 자연스럽게 가치, 종교, 언어, 관습 등을 공유했지요. 이 부족은 오늘날에도 여전히 **종족**, 민족이라는 형태로 존재하며 전통을 공유합니다. 초기의 공동체는 성장을 거듭했고 다른 공동체 출신의 사람들과 합

고대 그리스의 사상가, 플라톤 상. 플라톤과 그의 제자 아리스토텔레스는 정치 조직의 기능에 대한 여러 사상을 세웠다.

쳐져 더욱 커졌습니다. 그리고 몸집이 커진 공동체의 질서를 유지하기 위해 새로운 법과 권위가 필요해졌습니다. 그래서 사람들은 서로의 행동을 규제하고 생존을 보장하기 위한 여러 규칙을 만들었습니다.

이렇게 공동체를 위한 규칙과 규칙을 만드는 과정이 바로 정치 제도의 기원입니다. 즉 정치 제도란 구성원을 보호하고 질서를 유지하며 물 같은 자원을 효율적으로 개발하고 분배하기 위한 것이었지요. 정치 제도는 현재까지도 사회를 꾸리기 위해 존재하고 있습니다.

생각해 보기 정치로부터의 자유?

사회에 정치가 꼭 필요할까? 우리에게 정치와 사회 조직 문제에 관심을 갖지 않고 살 권리가 있을까?

국가와 정부

고대의 부족들은 시간이 흐르면서 현대의 국가로 발전했습니다. 국가는 다른 국가가 절대 침해할 수 없는 최고 권력을 의미하는 주권, 지리적으로 독립된 영토, 국가를 구성하는 국민 이렇게 세 가지 요소로 이루어져 있습니다.

많은 사람들은 흔히 정부와 국가를 같은 것으로 여깁니다. 하지만 정부와 국가는 엄연히 다릅니다. 국가는 우리가 사는 나라를 의미해요. 한편 정부는 국가를 유지하기 위해 조직된 기관으로, 국민의 행동을 통제할 권한을 가지고 있지요. 정부는 민간인을 보호하거나 통제하기 위해 권력을 사용할 수 있습니다. 또한 **윤리**적인 차원에서 법을 집행할 책임이 있어요. 정부가 집행하는 법은 사회에서 무엇이 옳고 그른지를 판단해 줍니다. 하지만 이는 국민의 자유를 제한하기도 하지요. 이러한 정부도 정치 제도의 하나입니다.

이데올로기

정치 제도는 단순히 정부 기관만을 말하는 것이 아닙니다. 정치 제도는 정부를 정의하고 구성하는 사상, 다른 말로 이데올로기이기도 합니다. 이데올로기는 정치 제도의 가치를 규정하는 사상으로, 사회나 인간

장 자크 루소는 정치의 윤리학에 대해 처음으로 기술한 근대 철학자다. 루소가 쓴 《사회계약론》은 1789년에 일어난 프랑스 혁명에 커다란 영향을 끼쳤다.

에 대한 생각을 의미하지요.

정치적 변화는 종종 현재 상태를 거부하면서 시작됩니다. 때로는 새로운 정치적 이데올로기가 시간이 지나면서 점점 발전해 기존의 이데올로기에 이의를 제기하며 정치적 변화가 일어나기도 합니다. 그렇다면 정치적 이데올로기는 처음에 어떻게 만들어졌을까요?

이데올로기의 탄생

정치적 이데올로기는 사람들이 국가를 만든 이유에 대한 다양한 생각에서부터 생겨났습니다. 이러한 정치적 이데올로기의 상당수는 계몽주의에 그 뿌리를 두고 있습니다. **계몽주의**는 17세기 중반부터 18세기까지 계속된 유럽의 철학 및 문화 개혁 운동을 말하지요. 당시 계몽주의 사상가들은 이성이라는 잣대로 정치권력을 평가했습니다. 그들은 특히 자유나 평등 같은 개인의 권리에 관심이 많았습니다.

17세기에 접어들면서 영국의 존 로크, 프랑스의 장 자크 루소 같은 철학자들은 국가 권력의 한계에 의문을 제기하기 시작했습니다. 로크는 국가가 국민들의 재산을 지키기 위해 만들어진 것이라고 생각했어요. 또, 국가의 무한한 권력은 정당화될 수 없다고 했지요. 국가의 권력을 무한하면 질서를 유지하는 데에는 도움이 되겠지만 국민에게서 정치적 자유와 사회적 자유, 더 나아가 생명까지도 함부로 앗아갈 수 있기 때문이었습니다. 로크는 생명과 권리도 개인의 재산이라고 생각했어요. 그래서 정부의 권력은 국가가 만들어진 목적에 맞게 국민의 권리와 균형을 이루어야 한다고 주장했지요.

이처럼 국민의 권리를 강조하는 생각이 등장한 것은 정치 제도를 탐구하는 인간의 이성이 아주 높은 단계에 도달했다는 것을 의미합니다. 인간이 누군가의 지배에서 벗어나 스스로 생각하기 시작했다는 것이지요. 이렇듯 이데올로기는 정치 제도가 어떠한 목적으로 만들어졌으며, 어떻게 발전할 것인가를 결정짓는 중요한 요소입니다.

생각해 보기 **통치 정당성?**

통치할 권리는 누구에게 있을까? 통치 정당성이란 국민이 정부의 권한을 합당하다고 받아들이는 것을 의미한다. 이는 정치 제도가 성립하기 위해 반드시 필요한 조건이다. 수많은 통치 형태가 한때 합당하다고 받아들여졌지만 오늘날에는 그렇다고 여겨지지 않는다. 예를 들어, 종교, 계승된 권력, 군사력은 100년 전과 달리 합당한 형태의 권력이라고 여겨지지 않는다. 그렇다면 오늘날에는 어떤 형태의 정부가 합당하다고 여겨질까?

간추려 보기

- 정치 제도란 정부를 비롯한 정치 조직, 정책, 이데올로기 모두를 의미한다.
- 초기의 정치 제도는 종교를 중심으로 구성된 부족이었다. 부족이 성장하여 현대의 국가가 되었고, 국가는 다양한 정부들로 구성된 정치 제도를 가지고 있다.
- 정치 제도에는 정부 기관뿐만 아니라 이데올로기도 포함된다. 정치적 이데올로기란 정치에 대한 생각들로, 이를 통해 어떠한 정치 제도가 합당한 것인가를 탐구하며 국가를 발전시켜 나갈 수 있다.

누가 국가를 다스릴까?
: 권위주의와 민주주의

정치 제도를 구별하는 방법 중 하나는 누가 국가를 다스리고 있는가를 알아보는 것입니다. 국가를 다스리는 사람이 통치자 한 명 또는 일부 집단인가, 아니면 국민 전체인가에 따라 그 국가의 정치 제도는 각각 권위주의와 민주주의로 나눠지지요.

정치 제도를 구별하는 방법 중 하나는 누가 국가를 다스리고
있는가를 알아보는 것입니다. 국가를 다스리는 사람이
통치자 한 명 또는 일부 집단인가, 아니면 국민 전체인가에 따라 그 국
가의 정치 제도는 각각 권위주의와 민주주의로 나눠지지요.

북아프리카로 퍼진 혁명의 물결

2011년, **아랍**의 봄이 북아프리카로 번지면서 혁명의 분위기가 고조
되었습니다. 곧 이집트와 튀니지의 **독재자**들이 저항의 물결에 휘말려
몰락했지요. 한편 리비아의 통치자, 무아마르 카다피는 권력을 내주지
않고 혁명군을 진압하기로 결심했습니다.

리비아에서 평화적으로 시작된 저항은 곧 피비린내 나는 내전으로
바뀌었습니다. 같은 국민끼리 총부리를 겨누게 되었지요. 카다피의 군
대는 자국민을 무자비하게 공격했습니다. 혁명군의 세력이 무너지는
것을 막고자 미국 및 유럽 국가들로 구성된 **북대서양조약기구**(NATO, the
North Atlantic Treaty Organization)가 공습을 감행하면서, 공격은 더욱
거세어졌지요.

2011년 8월, 6개월간의 내전 끝에 리비아 혁명군은 마침내 카다피 정권을 물러나게 하는 데 성공했습니다. 하지만 카다피와 그 정권을 지지하는 자들은 여러 도시와 마을로 흩어져 싸움을 계속했어요. 10월 20일, 결국 카다피는 자신의 고향 시르테에서 생포돼 혁명군의 손에 죽습니다. 독재자의 사망으로 내전은 드디어 막을 내립니다.

인물탐구 **무아마르 카다피**

무아마르 카다피(1942~2011)는 1969년, 군사 **쿠데타**를 일으켜 이드리스 왕을 내쫓은 뒤 리비아의 독재자가 되었다. 당시 그의 나이는 겨우 27세에 불과했다. 카다피의 통치는 아랍 국가의 단합, 특히 서방 국가들에 대한 저항을 기반으로 했다.

카다피는 오랜 기간 서방 국가에 대한 테러리즘을 지지한 것으로 유명했다. 그는 서방 국가들에 관해 비판적 언사를 서슴지 않기도 했다. 1988년 팬암 103기가 스코틀랜드의 록커비 마을 상공에서 폭발해 270명 전원이 사망한 사건의 배후에도 그의 정권이 있는 것으로 추정된다.

카다피는 2011년에 일어난 혁명으로 권력을 잃게 되기까지 42년간 리비아를 통치했다. 그 어떤 현대의 아랍 또는 아프리카 통치자들보다도 오래 독재한 것이다. 하지만 2011년 10월 20일, 카다피의 사망과 함께 길고도 잔인한 그의 통치 기간은 마침내 끝이 났다.

권위주의란? : 권력과 폭력

권위란 다른 사람을 자신의 뜻대로 행동하게 만드는 힘을 말합니다. 일상생활에서 권위주의는 권위를 이용하여 다른 사람을 굴복시키거나 또는 반대로 권위에 굴복당하는 것을 의미합니다. 정치적 관점에서 말하는 권위주의는 오직 일부 집단이나 하나의 통치자가 자신의 이득을 위해 국가 전체를 권위로 굴복시키는 것이지요.

카다피는 정치적 변화를 가져올 민주화 혁명에 저항하기 위해 무력을 사용했습니다. 아랍과 북아프리카의 다른 독재자들도 마찬가지였어요. 이는 절대 권력을 지닌 자들의 전형적인 모습입니다. 독재자들은 보통 무력을 사용하거나 무력을 사용하겠다고 위협하여 절대 권력을 얻지요. 이처럼 권위주의 체제에서는 통치자들의 권력 유지를 위해 보통 폭력적 수단이 이용됩니다.

권위주의 체제의 통치자들은 대개 독재자, **황제**, **군주** 등입니다. 그들은 다양한 방법으로 그 자리에 오르지요. 때로는 이데올로기로 사람들을 선동해 권력을 얻기도 하고, 때로는 기존 권위주의 체제의 독재자에게 맞서거나 외부 세력에 맞서 싸워 권력을 얻기도 하지요. 하지만 일단 권력을 차지하게 되면 이데올로기에 따라 정치적 의사 결정을 하는 통치자들은 거의 없습니다. 그들은 대부분 개인적인 신념과 자신의 이득을 위해 통치합니다.

권위주의 통치자들은 국민들의 정치적 논의와 비판을 제한하거나 법으로 금지합니다. 자신의 권력을 유지하기 위해서지요. 그들은 국가를 통치할 때 자국민의 동의를 얻는 법이 없습니다. 자신에게 반대하는 사람들은 감옥에 가두어 사실상 그들의 입을 다물게 합니다.

아이러니하게도 권위주의 통치자들을 권좌에서 물러나게 할 수 있는 방법은 무력밖에 없습니다. 그들은 선거를 실시해 사람들에게 정치적 선택권이 있다는 환상을 심어 주지만, 실제로 그러한 민주적인 방법을 통해서는 정치적 변화가 일어나지 않습니다. 독재자들은 선거 결과를 조작하는 경우가 많기 때문이지요. 그들은 개표 과정을 직접 통제하기도 합니다. 하지만 권위주의 통치자는 이렇게 직접적으로 선거 결과를 조작하지 않더라도 언론을 통제하거나 반체제 인사를 억압하여 어떻게든 선거에서 승리합니다.

권위주의와 인권

많은 권위주의 체제는 인권 보호와 관련해 떳떳한 입장이 아닙니다. 독재자들은 자국민의 목소리에 귀를 기울이지도 않고, 인권에 관심이 없습니다. 예를 들어, 남아프리카 짐바브웨의 로버트 무가베 대통령은 반체제 인사들에게 공공연하게 고문과 폭행을 가했습니다. 이러한 행위들로 권위주의 체제의 통치자들은 국제 사회와 인권 보호 단체들에게 많은 비난을 받고 있습니다.

권력을 남용한 권위주의 통치자 중 가장 잔인한 인물은 바로 장 베델 보카사입니다. 그는 1966년부터 1979년까지 중앙아프리카공화국(당시 이름은 중앙아프리카제국)을 통치한 황제였습니다. 보카사는 어린 학생들을 100명 이상 살해했습니다. 학생들이 보카사 집안 소유의 공장에서 값비싼 교복을 구입해야만 하는 사실에 저항하며 보카사의 롤스로이스

차에 돌을 던졌기 때문이었지요. 1986년, 보카사는 이 혐의로 체포되어 유죄를 선고받았지만 겨우 7년 형을 살았을 뿐이었습니다.

주관적 통치

권위주의 국가의 독재자들은 주관적인 통치 방식에 기반을 두고 정부를 조직합니다. 즉 투표나 회의를 통해 공정한 방법으로 정부를 꾸리는 것이 아니라 자신에게 돈을 지원하는 후원자, 친구, 가족, 때로는 경쟁자들을 주요 관료로 임명하지요.

그 이유는 무엇일까요? 이는 독재자가 의견을 냈을 때 각 직책에 있는 사람들이 전적으로 그 의견을 지지하도록 만들기 위해서입니다. 그렇다 보니 그 자리에 있는 사람들은 그 직책을 수행하기에 가장 적합한 인물이 아닐 수 있습니다. 독재자의 연고에 기초한 주관적인 통치 방식은 아주 불안정하고 비도덕적이며 종잡을 수 없습니다. 예를 들어 하일레 셀라시에는 1930년부터 1974년까지 **아프리카의 뿔**, 에티오피아를 다스린 황제인데, 그는 자신의 정치적 능력이 뛰어나 보이도록 상대적으로 무능한 **관료**들을 임명했다고 알려져 있습니다.

군사 정권

권위주의 통치체제의 가장 흔한 형태는 군사 정부라고 하는 **군사 정권**입니다. 군사 정부는 주로 쿠데타를 통해 군 지도자가 기존의 정부를 무너뜨리면서 권력을 얻습니다. 이 정권은 권력을 계속해서 유지하기도 하지만 오래 지속되지 않는 경우가 많습니다. 현재 군사 정부는 주로 아프리카에 존재하는데, 그 역사가 대부분 20년 미만입니다.

군사 정권의 지도자들은 **민선 정부**를 설립하기 위해 종종 자리에서 스스로 물러나기도 합니다. 예를 들어, 서아프리카에 자리한 가나의 제리 롤링스 대통령은 1979년 6월 4일, 군사 쿠데타를 일으킨 뒤 **혁명 평의회**를 통해 힐리 리만이 이끄는 민선 정부를 설립하였습니다. 하지만 그는 1981년 12월 31일 두 번째 군사 쿠데타를 일으켜 민선 정부를 타도했지요. 그리고 그는 1992년까지 가나를 통치하다 1992년 군 지도자의 자리에서 물러나 대통령 선거에 출마했습니다. 롤링스는 대통령에 두 번 선출되었고 2000년까지 집권했습니다. 세 번째 대통령 출마는 헌법으로 금지되었기 때문에 2000년에는 자리에서 물러날 수밖에 없

이디 아민 다다는 1971년부터 1979년까지 동아프리카의 우간다를 통치한 독재자였다. 아민의 잔혹한 통치하에 약 50만 명이 억울하게 죽었다.

아우구스토 피노체트

1973년, 칠레의 육군 참모 총장 아우구스토 피노체트(1915~2006년)는 군사 쿠데타를 일으켜, 민주적으로 선출된 살바도르 아옌데 대통령을 몰아냈다. 피노체트는 전(前) 행정부의 지지자들에게 극단적이고 잔혹한 폭력을 행사했다. 집권 몇 달 만에, 그에게 반대한 3만 명이 살해당했다. 그리고 6만 5천 명은 재판 없이 감옥에 갇혔다. 피노체트의 인권 침해는 전 세계적으로 악명을 더해 갔다.

1980년, 피노체트는 민주적 선거를 허락하는 헌법에 승인했다. 그리고 1989년 투표를 통해 자리에서 물러났지만 군 총사령관직을 유지했다. 1998년, 피노체트는 인권 침해로 체포되었지만 건강 상태가 좋지 않아 형이 집행되지 않았고, 2006년 사망했다.

었지요.

이처럼 군사 정권은 민선 정부를 위해 자리에서 물러난 뒤에도 질서가 필요하다고 생각될 경우 권력에 다시 복귀하기도 합니다. 예를 들어, 남아시아에 자리한 파키스탄의 군사 정권은 민선 정부에 자리를 내준 뒤에도 실제적인 권력을 유지하고 있지요.

신권 정치

신권 정치는 종교적 권위에 기반을 두는 정치 제도입니다. 고대에는 신권 정치가 흔한 정치 제도였지만 현대에는 거의 사라졌습니다. 하지만 아직까지 몇 가지 사례를 찾아볼 수 있어요.

1979년, 이란에서는 이슬람 혁명이 일어나 무하마드 레자 팔라비 왕이 쫓겨났습니다. 팔라비 왕은 이란을 근대화시키려고 했습니다. 하지만 이란의 종교 지도자들과 시민들은 이에 반대했고, 왕이 자신에게 반대하는 사람들을 탄압하고 감옥에 가두는 것을 불만스러워했습니다. 처음에는 체제에 반대하는 인사들이 시위를 주도했고 시위는 곧 혁명으로 이어졌지요.

이란의 국민들은 오래전부터 **이슬람교**의 시아파라는 종파를 따르고 있었어요. 이들은 자신들을 이끄는 지도자는 신의 선택을 받은 사람이어야 한다고 믿었습니다. 그래서 이란에서는 전통 이슬람 율법인 샤리아, 이슬람의 종교 지도자 아야톨라, 종교 학자들이 계속해서 정부 정책의 지침이 되고 있지요.

이처럼 이슬람교를 믿고 있는 아랍의 국가들은 신권 정치를 따르는 경우가 많습니다. 와하비즘이라는 이슬람 원리주의가 1950년대부터 널리 퍼지면서, 아랍 사회에 이슬람교의 가르침이 가장 중요한 위치를 차지하게 되었기 때문입니다. 하지만 때로 이슬람교의 교리를 극단적으로 숭배한 탈레반과 같은 정치 조직이 국제 사회에서 큰 문제가 되기도 했습니다.

군주제

군주제는 인류가 공동체 생활을 할 때부터 시작된 정치 제도로, 수천 년 동안 주요한 정치 제도 가운데 하나였습니다. 군주제에서는 황제,

이탈리아 철학자 니콜로 마키아벨리는 《군주론》의 저자로 유명하다. 《군주론》에서 그는 지도자들에게 권력을 유지하기 위해서 때로는 잔인해지고 교활해지라고 조언한다.

왕이나 왕비가 절대 권력을 가지고 있지요. 즉 군주제란 통치자 한 명이 모든 권력을 가지고 있는 정치 제도를 의미합니다.

군주의 통치가 합당하게 여겨지는 근거에는 여러 가지가 있습니다. 그중 한 가지는 군주가 '신권'에 따라 통치 정당성을 획득했다는 것입니

전문가 의견

통치자가 민중을 이끌려면 존경의 대상이 되거나 공포의 대상이 되어라. 존경을 받기 어렵거든 차라리 공포의 대상이 되어라.

— 니콜로 마키아벨리 르네상스 시대의 이탈리아 정치 철학자, 《군주론》 중에서

사우디아라비아의 압둘라 빈 압둘아
지즈 왕은 전 세계적으로 아직까지 몇
남아 있지 않은 절대 군주 중 한 명이
다. 압둘라 왕은 전통과 개혁 사이에
조화를 유지하여 권력을 지키고 있다.

다. 이는 군주가 신의 대리인 또는 종교의 수호자로 여겨진다는 의미이
지요. 또는 군주가 왕의 혈통을 가지고 태어난다는 근거도 있습니다.
그 밖에 말로는 표현할 수 없는 **카리스마**가 근거가 되기도 하지요.

군주는 외부의 위협에서 자국의 종교를 지키는 인물로 여겨지기도
했습니다. 다른 국가를 정복하거나 기존의 왕조를 무너뜨리고 세워진
제국에서는 군주에 대한 충성심을 강화하기 위해 주민들에게 종교를 믿

도록 강요했지요. 로마 제국이 그 대표적인 예입니다.

현대의 군주들

군주제는 과거에만 존재한 정치 제도가 아닙니다. 현대에도 군주가 존재하지요. 하지만 현대 사회에서 군주의 권한은 종종 헌법의 제약을 받습니다. 예를 들어, 영국에는 엘리자베스 여왕이라는 군주가 있지만 사실상 총리와 의회가 정부를 운영하고 있어요.

영국의 여왕과 일본의 천황 같은 현대의 군주들은 보통 의식적인 역할을 수행합니다. 그들은 국정 운영에 관여하지 않기 때문에 자선 활동을 하거나 다른 국가와의 관계를 돈독하게 하는 등의 일을 합니다. 또한 그들은 한 국가의 상징으로서의 자리를 지킵니다. 정부는 선거를 통해 바뀔 수 있지만 군주는 바뀌지 않고 국가를 상징하는 인물로 남아 있습니다. 영국과 일본 이외에도 현재 군주제를 채택하고 있는 나라는 벨기

사례탐구 모로코의 입헌 군주제

2011년 북아프리카의 모로코에서 혁명이 일어났을 때 권위주의 통치자 모하메드 6세는 폭력을 사용하며 저항했다. 하지만 그의 통치에 대한 반대가 계속되자, 왕은 투표로 선출된 공무원들에게 더 많은 권력을 주도록 헌법을 개정했다. **입헌 군주제**를 도입하여 모하메드 왕은 국민의 민주적인 요구 사항을 수용하고 동시에 자신의 통치권도 유지할 수 있었다.

에, 네덜란드, 스웨덴, 타이, 모로코, 사우디아라비아 등이 있어요.

절대 권력은 합당할까?

모든 권위주의 통치자가 사회에 부정적인 영향을 끼친 것은 아닙니다. 사회를 발전시키는 권위주의 통치자들도 있어요. 예를 들어, 18세기 프로이센 왕국을 다스렸던 프리드리히 2세는 전제 군주였지만 자비롭고 현명하게 국가를 통치했어요. 또한, 군대를 강화하여 전쟁에서 큰 승리를 거두었지요. 그는 1740년부터 1786년 사망할 때까지 프로이센 왕국을 통치했습니다. 이러한 군주를 계몽 군주라고 하는데, 계몽 군주가 국가를 통치하면 국가가 발전할 수도 있습니다.

절대 권력은 불안정한 국가에 질서를 부여하는 역할을 한다고 여겨지기도 합니다. 몇몇 정치학자들은 강력한 권력이 부족, 민족, 종교적 갈등으로 고심하는 지역에 안정을 가져다줄 수 있다고 주장합니다.

하지만 그러한 체제는 자국민의 요구를 수용할 확률이 낮습니다. 독재자는 국민의 이익보다는 자신의 이익을 위해 국가를 통치하기 때문이지요. 또한 절대 권력은 부패할 확률이 상당히 높습니다. 권위주의는

전문가 의견

권력은 부패한다. 절대 권력은 절대 부패한다.

– 액톤 경 정치 철학자

권력을 유지하기 위해 체제에 반대하는 국민들을 억압하고 폭력에 의존하는 경우가 많기 때문입니다. 그래서 보통 국민들은 권위주의 체제를 거부합니다.

민주주의란?

'민주주의'라는 말을 들어 본 적이 있을 것입니다. '민주주의'라는 용어는 일상생활에서도 자주 사용되지요. 그렇다면 민주주의의 진정한 의미는 도대체 무엇일까요?

민주주의(Democracy)라는 용어는 '국민'을 의미하는 그리스어 Demos와 '통치'를 의미하는 그리스어 Kratos에서 생겨났습니다. 즉, 민주주의는 국민이 통치하는 정부 형태를 의미합니다. 국민이 운영 방식을 결정하는 정치 제도라는 뜻이지요. 이 정치 제도에서는 모든 국민이 정치적 평등을 누릴 수 있어요.

그런데 정치학자마다 민주주의의 개념을 종종 다르게 해석합니다.

전문가 의견

민주주의란 토의에 의한 통치를 의미한다.

— C. 애틀리 1900년대 영국의 정치가

민주주의는 자유와 평등, 개인적 가치와 사회적 가치의 조화를 의미한다.

— 토마스 만 독일 소설가

어떤 정치학자들은 민주주의를 이데올로기나 정치 제도로 생각하지 않습니다. 그들은 민주주의를 의사 결정 과정이라고 보지요. 한편, 민주주의를 정치적 평등을 보장하기 위한 제도로 규정하는 정치학자들도 있습니다.

민주주의는 어떻게 권력의 남용을 막을까?

민주주의가 모든 국민의 정치적 참여를 허용하고 있지만 실현하기는 매우 어렵습니다. 한 사람 한 사람이 자신의 정치적 생각을 밝히고 정치에 참여하기에는 너무 많은 사람이 있으니까요. 그래서 우리는 선거를 통해 대표를 뽑지요. 선거에서 뽑힌 대표들은 국가를 이끄는 위치에 있지만 자신의 이득 때문이 아니라 국민들을 위해서 열심히 일합니다. 선거는 주기적으로 치러지기 때문에 정부 지도자들은 유권자들의 목소리에 귀 기울여야 합니다. 유권자들이 정책을 마음에 들어 하지 않을 경우 지도자들은 선거 결과에 따라 자리에서 물러날 수도 있기 때문이지요.

민주주의에는 보통 권력의 남용을 막기 위한 법적 안전장치가 있습니다. 바로 헌법이지요. 헌법은 국민의 권리를 보호하는 동시에 국가가 지니는 권력의 한계를 규정합니다. 헌법은 누구에게나 예외 없이 적용되므로 선거로 뽑은 정부 지도자들도 법을 따라야 해요.

민주주의 국가는 **행정부**, **입법부**, **사법부**라는 여러 기관으로 나뉘어 운영됩니다. 이들은 각자의 역할을 수행하는 동시에 서로를 감시하고 견제하여 권력의 남용을 막습니다. 예를 들어, 우리나라에는 세 가지 주요 기관이 있습니다. 바로 정부(행정부)와 국회(입법부) 그리고 법원(사법부)이지요. 정부는 국가를 운영하는 일을 맡고 있습니다. 국회는 우리나라에서 가장 높은 입법 기관이면서 정부를 견제하지요. 또, 법원은 정부나 국회의 위법행위를 처벌할 수 있어요.

민주주의에서 권력의 남용을 막는 또 다른 요소는 바로 정치적 다원주의입니다. 다원주의란 상충하는 다양한 견해들을 너그럽게 인정하는 태도를 말합니다. 이러한 정치적 다원주의에 따라 우리는 국가에 반대하는 의견도 자유롭게 이야기할 수 있습니다. 민주주의 국가에서는 언

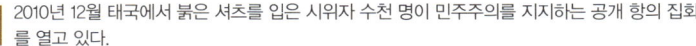
2010년 12월 태국에서 붉은 셔츠를 입은 시위자 수천 명이 민주주의를 지지하는 공개 항의 집회를 열고 있다.

민주주의로의 이행

태국은 헌법적으로 군주제 정부다. 이 나라는 오랫동안 정치적으로 불안정했다. 군주제를 지지하는 왕정주의자와 기업가, 군 장교 사이의 권력 투쟁으로 수차례에 걸쳐 쿠데타가 벌어진 까닭이다. 이 때문에 수년 동안 총리가 5번이나 교체되었다. 2010년에는 가난한 사람들이 대규모 시위를 벌였다. 그들은 현 총리와 국회를 교체하기 위해 새로운 선거를 실시할 것을 요구했다.

결국 2011년 선거가 시행되었고 잉락 친나왓 총리가 선출되었다. 그녀는 태국의 첫 번째 여성 총리다. 그녀가 속한 푸어타이 당 또한 권력을 거머쥐게 되었다. 푸어타이 당은 가난한 이들을 대변하는 정당이다. 그들의 압승은 태국 인구의 대부분을 차지하는 가난한 이들을 배제한 정치 제도가 사람들에게 외면당할 수밖에 없다는 사실을 보여 주었다. 이는 제대로 작동한 민주주의의 확실한 예다.

론의 자유가 보장되고 신문 같은 독립적인 **미디어**가 존재하기 때문에 공개 토론이 보호되고 장려됩니다.

민주주의의 전파

오늘날 민주주의는 가장 대표적인 정치 제도입니다. 많은 사람들이 민주주의 정부의 통치하에 살고 있지요. 그렇다면 우리는 이 민주주의라는 정치 제도를 어떻게 가지게 된 것일까요?

민주주의는 유럽에서 시작되었습니다. 하지만 오늘날 민주주의는 전 세계로 퍼져 나가고 있습니다. 우리는 또한 민주주의의 가치를 공유하고 있습니다. 심지어 비민주적인 정부조차도 민주주의적 원칙을 지지합니다. 이는 민주주의가 가장 합법적인 형태의 정부라고 여겨지기 때문이지요. 민주주의 제도에서는 시민 모두가 자유롭고 평등하게 정치적 과정에 참여할 수 있기 때문에 그 사회의 법과 정책은 정당성을 가지게 됩니다.

그렇다면 언제부터, 그리고 왜 민주주의가 가장 합법적인 형태의 정부로 여겨졌을까요? 역사를 간략하게 살펴보면 쉽게 이해할 수 있습니다. 현대 민주주의는 18세기에 일어난 두 가지 혁명으로 발현되었다고 할 수 있습니다. 바로 미국의 독립 혁명(1775~1783년)과 프랑스 혁명(1787~1799년)입니다.

미국은 1776년 영국에 독립 선언을 하며 식민지 지배에서 해방되었

찬성 VS 반대

프랑스 혁명은 이제까지 벌어진 일 중 가장 경악스럽다.
– 에드먼드 버크 영국의 정치가, 정치 철학자, 〈프랑스 혁명에 관한 고찰〉 중에서

프랑스 혁명은 세계 역사에서 절대 망각될 수 없다. 이제까지는 아무도 생각하지 못했던 사실, 즉 인간의 본성 속에 이미 도덕적인 진보의 가능성이 들어 있음을 발견한 사건이기 때문이다.
–임마누엘 칸트 프로이센의 철학자, 《실천 이성 비판》 중에서

습니다. 독립 선언문에는 인간은 모두 자유롭고 **평등**하게 태어났으며 정부는 이를 보호할 책임이 있다고 적혀 있습니다. 또한 국민이 정치권력을 누릴 수 있는 존재임을 강조합니다. 한편, 프랑스에서는 프랑스 혁명으로 군주제가 무너지고, 정치적 평등이 보장되었지요. 이러한 혁명의 정신은 현재까지도 민주주의의 유산으로 남아 있습니다.

민주주의의 시초

북아메리카에 자리한 미국은 영국의 식민지 지배에서 벗어나 국가를 형성할 때, 고대 그리스를 참고했습니다. 고대 그리스는 '폴리스'라고 불리는 여러 도시로 구성되었습니다. 그중에서도 기원전 5세기 아테네는 그리스에서 가장 유명한 폴리스였지요. 아테네는 직접 민주주의로 운영되고 있었어요. 직접 민주주의란 시민이 직접 정치적 의사 결정에 참여하는 민주주의를 의미합니다. 아테네에서 시민이 된다는 것은 정치 활동에 적극적으로 참여한다는 의미였습니다. 국가의 일은 개인의 일보다 우선시되었고, 시민은 정치적 참여를 해야만 자신의 의무를 다한다고 여겨졌습니다. 그래서 아테네의 시민들은 **아크로폴리스와 아고라**에 모여 정치 활동을 했지요.

하지만 아테네의 직접 민주주의가 완전한 민주주의는 아니었어요. 모든 사람이 정치에 참여할 권리를 가진 시민이 아니었기 때문입니다. 여성과 노예, 외국인들은 시민이 될 수 없었지요. 또한 직접 민주주의는 규모가 작은 공동체에서나 가능한 일이었습니다.

한편 고대 로마는 직접 민주주의가 아닌 **공화국**이었어요. 하지만 로

마의 시민도 아테네의 시민처럼 정치에 참여할 수 있었지요. 이들은 선거로 평민회와 호민관이라는 대표를 뽑아 자신의 권리를 보호했습니다. 또한 귀족을 대표하는 집정관과 원로원은 로마를 지배했지요. 이것을 **과두제**라고도 해요.

사례탐구 산마리노: 가장 오래된 민주주의 공화국

이탈리아에 둘러싸인 산마리노 공화국은 세계에서 가장 오래된 민주주의 국가다. 서기 301년, 성 마리누스는 기독교를 믿는 작은 공동체로 산마리노 공화국을 세웠다.

산마리노 정부는 자국만의 '통치 원칙'을 기반으로 하고 있다. 이는 1600년에 만들어진 비공식적인 헌법이라고 할 수 있다. 산마리노는 크기가 작고 인구 또한 약 3만 명 정도로 적기 때문에 독특한 형태의 민주주의가 설립될 수 있었다. 이곳에서는 60명으로 구성된 의회를 통해 시민들이 직접 정치적 의사 결정에 참여한다. 1992년, 산마리노는 국제연합(UN)의 가장 작은 회원국이 되었다.

민주주의 이데올로기의 발전

고대 그리스의 직접 민주주의 이후 오랜 시간이 흐른 르네상스 초기에 이르러서야 다음 단계의 민주주의 형태가 나타났습니다. 당시 유럽의 국가 대부분이 기독교적 신권 정치를 유지하고 있었어요. 그런데 르

네상스의 중심지인 이탈리아의 도시 국가들에서 민주주의가 재등장했지요. 다시 등장한 민주주의에서도 역시 국민의 정치적 참여는 여전히 중요한 개념이었습니다. 이탈리아 민주주의의 가장 높은 정치적 이상은 시민의 자유였지요.

하지만 이탈리아 도시 국가들의 이상은 오래가지 못했습니다. 이후 16세기에 유럽에서 계몽주의와 **종교 개혁**이 일어나고 나서야 민주주의 정치에 대해 다시 생각하려는 움직임이 생겨나게 되었지요. 이 사건들은 정치적 권위에 대한 복종을 다른 시각에서 바라보게 하는 계기가 되었습니다. 또한 인간의 권리에 대한 요구도 생겨났지요. 모든 인간은

생각해 보기 **윤리적 책임**

국민은 정부 활동에 참여할 의무가 있을까? 투표권은 의무일까? 정치적 의사 결정을 타인에게 맡길 경우, 우리는 시민으로서의 권리를 포기하는 걸까?

평등한 정치적 권리를 갖고 있다는 생각이 중요한 개념으로 자리 잡게 된 것입니다.

시간이 흘러 18세기와 19세기 초, 제임스 매디슨, 제레미 벤담, 제임스 밀 같은 정치 사상가들 또한 민주주의 이론의 발전에 기여했습니다. 그들은 특히 정치 지도자들이 선거 같은 제도와 다원주의를 바탕으로 국가를 통치해야 한다고 강조했습니다. 이러한 생각은 권위와 자유 사이에 균형을 맞추기 위한 필수 요소로 여겨졌습니다.

모두를 위한 시민권

하지만 이 이론은 여전히 누가 시민이 되어야 하는지에 대한 답을 제공해 주지는 못했습니다. 아테네에서와 마찬가지로 시민의 역할은 여

사례탐구 **아파르트헤이트(Apartheid)**

아파르트헤이트란 분리를 뜻하는 아프리칸스어로, 남아프리카공화국의 극단적인 인종 차별 정책을 의미한다. 불과 20세기 초만 해도, 미국에서 아프리카계 미국인들은 투표권을 행사할 수 없었다. 1950년대와 1960년대에 시민권 운동이 일어난 뒤에야, 그들은 제대로 된 투표권을 행사할 수 있었다. 남아프리카공화국의 아프리카계 흑인들 또한 1948년부터 1994년까지 정치적 평등권을 거부당했다. 아파르트헤이트는 백인과 흑인에게 각기 다른 지역에서 살 것을 강요하는 정책으로, 남아프리카공화국의 다수인 아프리카인을 분리하여 소수 백인들이 유리한 위치를 선점하고자 국민당 정권이 시행했다.

전히 사유 재산이 있는 백인 남성에게로 한정되었지요. 수 세기 동안 수많은 사람에게 여전히 투표권이 없었습니다. 투표권을 쟁취하기 위한 노력 끝에 마침내 여성, 노동 계층, 백인이 아닌 사람들도 동등한 권리를 누리게 되었습니다.

간접 민주주의

오늘날 간접 민주주의 정부는 대한민국, 영국, 미국, 독일, 일본, 호주, 남아프리카공화국, 코스타리카 등 전 세계의 수많은 국가에서 찾아볼 수 있습니다. 간접 민주주의에서는 선출된 정치인과 공무원들이 국

남아프리카공화국의 정당인 아프리카 민족회의가 2007년, 케이프타운에서 시위를 벌이고 있다. 아파르트헤이트 정책 때문에 아프리카계 흑인들은 1994년까지 투표권이 없었다.

민의 의견을 대변합니다. 그리고 국민이 뽑은 대표들로 구성된 단체를 **국회**, 의회 등으로 부릅니다.

고대 그리스의 직접 민주주의 국가의 시민은 현대의 간접 민주주의를 인정하지 않을지도 모릅니다. 그들이 봤을 때, 모든 시민이 아닌 그들의 대표에게만 정치에 직접 참여할 기회를 준다는 점이 비민주적으로 보일 수 있기 때문입니다. 하지만 국민들은 선거에 참여할 때 가장 자신의 이익을 정책에 잘 반영하고, 자신이 원하는 바람직한 국가를 만들 사람을 뽑습니다. 그래서 모든 국민이 사실상 대표를 통해 정치 활동을 하는 것이나 마찬가지입니다. 그렇기 때문에 선거에 참여할 때에는 항상 신중해야 하지요.

또한 많은 사람들은 자신이 선호하는 정당에 가입하거나, 지지하는

사례탐구 *세계에서 가장 큰 민주주의*

모든 사람이 정치적 의사 결정 과정에 직접 참여할 수 있는 작은 규모의 마을에서는 직접 민주주의를 실현하기가 쉽다. 그렇지만 보다 큰 규모에서는 민주주의가 어떻게 운영될 수 있을까?

인도는 세계에서 가장 큰 민주주의 국가다. 인구가 10억 명 이상이기 때문이다. 인도 정부는 상원과 하원, 이렇게 두 개의 의회로 운영된다. 상원은 28개 주의 입법 기관에서 선출한다. 의원 545명으로 구성되는 하원은 국민이 직접 선출한 다수의 정당으로 이루어져 있다. 하원 의원들은 총리를 선출하며 총리는 정부를 대표한다. 또한 이러한 입법부 외에도 의회가 통과시킨 법을 판정할 권한을 지닌 대법원도 존재한다.

정치인을 후원하기도 하며, **시민 단체**나 **이익 단체**에 가입하여 정치에
참여하기도 합니다.

20세기 민주화의 물결

20세기에 접어들면서 많은 국가가 식민지 또는 권위주의 통치에서
해방되었습니다. 그들은 보통 혁명이나 개혁으로 독립을 쟁취했지요.
새로운 정부가 탄생한 많은 국가에서 민주주의의 상징인 대표 정부, 동

사례탐구 의견의 불일치

동남아시아의 미얀마에서는 민주주의 지도자 아웅 산 수 치 여사가 15
년 동안이나 자택 구금을 당했다. 군사 정부는 민주주의 운동가들을 탄압
하려는 차원에서 아웅 산 수 치 여사의 활동을 막고자 했다. 하지만 그녀
는 1991년 노벨 평화상을 수상하며 2010년 11월, 마침내 자택 구금에서
풀려났다. 미얀마에서 20년 만에 처음으로 선거가 이루어진 후였다.

아웅 산 수 치 여사의 소속 정당, 내셔널 리그는 1990년 선거를 통해 권
력을 되찾았다. 하지만 군 지도부는 선거 결과를 인정하지 않았다. 그래
서 2010년, 아웅 산 수 치 여사는 자신의 당원들에게 선거에 출마하지 말
도록 지시했다. 그 선거가 비민주적이라고 생각했기 때문이었다. 하지만
일부 당원들은 그녀의 결정에 동의하지 않았다. 그래서 그들은 자신만의
정당을 설립해 선거에 출마했다. 이 사건은 민주화 운동을 하는 과정에서
비민주적인 체제에 어떻게 대항할지 결정을 내리는 일이 쉽지 않다는 것
을 보여준다.

등한 권리, 자유선거 같은 공통된 요소를 찾아볼 수 있게 되었습니다.

라틴 아메리카와 소비에트 사회주의 공화국 연방에서 수립된 새로운 민주주의 정부는 과거에 그 국가를 지배한 비민주적인 **정권**과 자주 충돌했습니다. 역사적으로 민주주의가 존재한 적이 없는 국가에서는 시민들의 정치 문화가 성숙되지 않아 제대로 된 정치 체제로 발전하기 어렵습니다. 정치적 논의가 허락되지 않는 억압적인 체제하에서는 민주주의가 꽃피우기 어려울 수밖에 없지요.

자유로운 토론의 장

오늘날 선출된 정치인과 공무원들은 각 정당의 대리인으로 다양한 계층의 이익을 대변합니다. 민주주의 제도에서는 수많은 정치적 견해 덕분에 다양한 정치적 사상들이 꽃필 수 있지요. 이 정치적 다양성은 가끔 진보와 보수라는 형태로 갈라지기도 합니다. 진보와 보수라는 용어는 국가의 정치적 전통에 따라 여러 국가에서 각기 다른 의미를 사용되고 있습니다.

민주주의에는 논쟁이 수반됩니다. 정치인들은 자신의 의견과 다른 의견을 가진 사람들과 끊임없이 논쟁을 벌여야 합니다. 심지어 정치적 의견의 불일치로 싸움이 일어날 때도 있습니다. 하지만 이 모든 것들은 권위와 자유에 대한 생각에 대한 해답을 찾기 위해 끊임없이 의문을 제기하는 과정이지요.

▌ 2008년, 스위스의 정치 지도자들이 생방송 TV 토론을 준비 중이다.

찬성 VS 반대

민주주의는 목숨을 바칠 만하다. 인간이 창안한 가장 훌륭한 정치 제도이기 때문이다.

– 로널드 레이건 미국의 제 40대 대통령

민주주의 국가는 겉으로만 보면 매우 훌륭해 보이네. 그러나 알고 보면 온갖 무질서와 혼란이 발견되지.

– 플라톤 고대 그리스의 철학자, 《국가》 중에서

간추려 보기

- 누구에게 정치적 권력이 있는가에 따라 정치 제도는 권위주의와 민주
주의로 구별될 수 있다.
- 권위주의는 통치자에게 정치적 권력이 집중된 정치 제도로 군 지도자
가 통치자인 군사 정권, 종교 지도자가 통치자인 신권 정치, 군주가 통
치자인 군주제가 있다.
- 민주주의는 국민 전체에게 정치적 권력이 있는 정치 제도로 고대 그
리스에서 직접 민주주의로 시작하여, 르네상스, 프랑스 혁명을 거쳐
전 세계로 확대되었고 현재는 많은 국가가 간접 민주주의를 채택하고
있다.

어떻게 다스릴까?
: 자본주의와 사회주의

맛있는 피자가 한 판 있다고 생각해 봅시다. 이 피자 한 판을 친구와 나누어 먹는 방법에는 여러 가지가 있겠지요. 이렇게 피자를 친구와 나누어 먹는 방법을 결정하는 것이 바로 정치 제도입니다. 우리가 살고 있는 사회에 존재하는 수많은 것들을 누가 얼마만큼 가질지를 합의하는 것이지요. 그리고 이 방법에 따라 정치 제도는 자본주의와 사회주의로 구분될 수 있습니다.

맛있는 피자가 한 판 있다고 생각해 봅시다. 이 피자 한 판을 친구와 나누어 먹는 방법에는 여러 가지가 있겠지요. 둘이서 똑같이 반씩 나눌 수도 있고, 각자 먹고 싶은 만큼 나누어 먹을 수도 있을 것입니다. 이렇게 피자를 친구와 나누어 먹는 방법을 결정하는 것이 바로 정치 제도입니다. 우리가 살고 있는 사회에 존재하는 수많은 것들을 누가 얼마만큼 가질지를 합의하는 것이지요. 그리고 이 방법에 따라 정치 제도는 자본주의와 사회주의로 구분될 수 있습니다.

전문가 의견

정치학은 누가 무엇을, 언제, 어떻게 얻는지에 대한 과학이다.

— 해럴드 라스웰 미국의 정치학자

자본주의의 탄생 : 산업 혁명

산업 혁명이란 1750년 영국에서 시작된 급속한 기술 혁신을 말합니다. 18세기에 증기 엔진이 발명되자 과거에 손으로 했던 일을 기계가 대신해 아주 빠르게 할 수 있게 되었습니다. 공장들은 거대한 기계를 사용해 직물을 비롯한 다양한 제품을 만들어 냈습니다. 기계를 통한 대량 생산 방식은 공장 소유주에게 큰 수익을 안겨다 주었지요. 그들은 많은 돈을 벌었습니다.

산업 혁명은 많은 사람들을 도시로 이동하도록 만들었습니다. 산업 혁명 이전의 사회는 농업을 중심으로, 토지를 가지고 있는 영주와 영주의 토지를 빌려 농사를 짓는 농노로 구성된 봉건 제도 사회였어요. 하지만 산업 혁명이 일어나 농노들이 도시로 이탈하자 영주의 힘이 약화되었고 봉건 제도가 무너지게 되었습니다. 그리고 많은 돈을 번 공장 소유주들이 사회에서 힘을 가지게 되었지요.

알아두기

산업 혁명 이후 거대한 부를 축적하여 새로운 정치 세력으로 등장한 공장 소유주들을 부르주아(Bourgeois)라고 한다.

생각해 보기 **경제와 정치**

경제학은 정치적 문제일까? 기업이 어떻게 운영되고 부가 어떻게 배분되는지에 대한 결정을 정치인이 해야 할까? 정부는 고용, 산업 안전, 산업이 환경에 끼치는 영향 등을 규제해야 할까?

자본주의

산업 혁명을 통해 힘을 얻게 된 부르주아들은 새로운 사회를 만들었습니다. 탄생과 동시에 부모의 신분에 따라 자신의 신분이 결정되는 봉건 제도 사회에서 벗어나 자본주의 사회를 만든 것이지요. 봉건 제도가 농노들이 영주의 일방적인 명령에 따라 일을 하고 영주에게 생산물을 바치는 것이라면, 자본주의란 부르주아와 노동자가 동등한 위치에서 근로 계약을 하고 노동자는 노동의 대가를 받을 수 있는 정치 제도를 말

전문가 의견

우리가 매일 식사를 할 수 있는 것은 푸줏간 주인과 양조장 주인 그리고 빵집 주인의 자비심 때문이 아니라 그들 자신의 이익을 위한 행동 때문이다. 우리는 그들의 자비심이 아닌 자애심(自愛心)에 호소하며, 우리가 필요해서가 아니라 그들에게 이득이 되기 때문이라고 말한다.

– 애덤 스미스 경제학자

애덤 스미스는 자신의 저서 《국부론》에서 경제학을 처음 언급했다. 그는 사익을 추구하는 자유 시장의 '보이지 않는 손'이 사회 질서를 만든다고 주장했다.

합니다. 자본주의 사회에서는 모두가 일한 만큼 가질 수 있었고, 누구든 열심히 일하면 부자가 될 수 있다는 희망을 가져다 주었습니다.

현대와 같은 자본주의를 처음으로 묘사한 사람은 18세기 애덤 스미스입니다. 애덤 스미스는 《국부론》에서 자본주의가 모든 사람의 이득을 위한 것이라고 주장합니다. 애덤 스미스의 주장에 따르면, 자유 시장에서는 판매자들 사이에 경쟁이 일어나 제품 가격은 더욱 저렴해집니다. 또한 이윤을 추구하려는 욕구로 새로운 아이디어가 탄생하고 일은 계획에 따라 생산적으로 이루어집니다.

자본주의의 어두운 그림자

경제가 급격히 성장하면서 사회는 변할 수밖에 없었습니다. 노동자들은 마을과 농장을 떠나 그들이 일하는 공장 근처에 살았습니다. 도시는 생산을 위한 경제적 중심지가 되었지요. 그리고 산업 혁명 기간에는 도시뿐만 아니라 운송과 통신 기술도 급속도로 성장했습니다.

하지만 공장의 근로 조건은 너무나도 비위생적이었고 위험했습니다. 공장에는 안전 기준이 존재하지도 않았지요. 사람들은 생산을 늘리려는 공장 소유주의 압박 속에서 자주 부상을 입었습니다. 빠르게 움직이는 기계들에 손가락이 잘리기도 했지요. 아직 어린 아이들조차 가족을 부양하기 위해 일을 해야만 했습니다. 게다가 공장에는 제대로 환기 시설이 갖추어 있지 않아 노동자들은 오염된 공기를 마셔야 했습니다.

이처럼 열악한 환경에서 사람들은 오랜 시간 일했지만, 매우 적은 월급을 받았고, 일은 지루하고 반복적이었습니다. 노동자들은 분노를 느끼기 시작했습니다. 공장 소유주는 점점 더 부유해지는데 노동자들은 여전히 가난의 굴레에서 벗어날 수 없었거든요.

기업과 노동자 사이의 충돌은 새로운 차원의 정치적 투쟁을 야기했습니다. 정치가들은 경제에도 관심을 갖기 시작했습니다. 19세기 내내, 자본주의와 사회주의라는 상충하는 경제 체제 사이의 충돌이 계속된 것입니다.

사회주의의 등장

자본주의가 가져온 변화에 모두가 동의한 것은 아니었습니다. 자본주의 사회에서 할 수 있는 일이란 공장 일처럼 반복적이고 비숙련 노동자도 할 수 있는 노동이 대부분이었습니다. 경제적 생산을 중심으로 생활이 이루어진다는 사실에 두려워하는 이들도 있었습니다.

이러한 상황에서 등장한 정치사상이 바로 사회주의입니다. 사회주의는 본래 자본주의에 대한 비판에서 시작되었습니다. 사회주의란 생산물을 소유하고 운영할 권리가 모든 사람에게 주어져야 한다는 경제 이론이지요.

19세기 독일 경제학자 카를 마르크스는 자신의 저서에서 사회주의 이데올로기를 다루고 있습니다. 한편, 마르크스는 독일 역사학자 프리드리히 엥겔스와 함께 〈**공산당** 선언〉의 초안을 작성하기도 했습니다. 그들이 작성한 〈공산당 선언〉은 마르크스주의라고 알려지게 된 경제 이론의 핵심 문서입니다.

마르크스주의에 따르면, 자본주의는 가진 자와 못 가진 자 사이에 경제적 불평등을 야기합니다. 왜냐하면 돈이 많아서 공장이나 기계와 같은 생산 수단을 소유한 사람은 계속해서 부자가 될 수 있지만, 그렇지

전문가 의견

모든 사회 변화와 정치 혁명은 사람의 두뇌나, 영원한 진실과 정의에 대한 뛰어난 통찰력이 아닌 생산과 교환 방법을 변화시키는 것이 궁극적인 목적이다. 즉, 철학이 아닌 각 특정 시대의 경제학을 통해 얻어진다. 한편, 생산과 교환 방법이 변하면서 기존의 사회 제도는 불합리하고 불공정해지며, 합리적인 것은 불합리적이 되고 옳은 것은 그른 것이라는 인식이 팽배해져 간다. 이에 따라 변화된 생산 및 교환 방법이 조용히 사회 질서의 자리를 차지하게 되고 기존의 경제 상태는 더 이상 유지되지 않는다.

—프리드리히 엥겔스 독일의 사회주의 철학자

못한 사람은 공장 소유주들에게 노동력을 착취당해야 하기 때문이었습니다. 게다가 이 경제적 불평등 때문에 노동자들은 진정한 정치적 자유를 누릴 수 없게 됩니다. 마르크스주의는 자본주의란 사회주의를 향한 진화의 한 단계일 뿐이라고 주장합니다.

그래서 마르크스는 작은 공동체에서 스스로 그들 자신을 통치하는 사회를 원했습니다. 더 큰 규모의 공동체에서는 국민이 대표를 선출해 더 큰 정치 단위의 대리인으로 임명하는 직접 민주주의의 형태를 구상했습니다. 하지만 선거만으로 자유를 얻을 수는 없지요. 그래서 마르크스는 모든 이들이 생산 수단을 소유하는 사회를 주장했습니다. 경제가 개인의 이익이 아닌, 노동자와 사회 전체의 이익으로 돌아가야 한다고 보았지요.

독일 철학자 카를 마르크스의 경제 및 사회 이론은 전 세계적으로 사회주의 운동을 불러일으켰다.

완벽한 사회?

19세기 초 여러 정치사상가들은 공정하고 평등한 사회를 희망했습니다. 그들은 **유토피아** 또는 완벽한 정치 제도를 꿈꾸었지요. 이들이 꿈꾸는 유토피아는 행복이 충만하고 싸움은 없는 세상이었어요. 심지어 유토피아를 실제로 만드려는 사상가들도 있었습니다.

프랑스 개혁자 앙리 드 생시몽은 교육의 중요성을 강조했습니다. 그는 자원을 사용하는 경제 활동을 정치 생활의 핵심으로 보았지요. 생시몽이 주장한 유토피아는 과학자와 기업가가 이끄는 사회였습니다.

한편 프랑스 사상가 샤를 푸리에는 노동을 필수적인 활동으로 보았

▌정치사상가들과 예술가들은 현실에서 만들어지기 어려운 유토피아를 상상했다.

습니다. 그는 사람들이 자신이 원하는 노동을 자유롭게 선택할 수 있어야 행복해진다고 주장했습니다. 푸리에가 말하는 노동은 신체적, 정신적 활동이 모두 포함된 노동이었지요. 푸리에는 이러한 노동 조건이 만족되어야 사회 개혁이 가능하다고 생각했어요. 하지만 그의 계획은 실패했지요.

또한 영국의 개혁가 로버트 오웬은 인간의 본성이 주위 환경에 따라 정해진다고 믿었습니다. 그는 좋은 사회가 좋은 사람을 만든다고 생각했지요. 오웬은 이 원칙에 기반을 두고, 스코틀랜드 뉴래너크에 있는 공장을 성공적으로 운영했습니다. 그는 노동자들을 공정하게 대했고 그들의 건강과 안전에 신경 썼습니다. 오웬은 미국 인디애나 주 뉴하모니에 유토피아 공동체를 건설하는 실험을 하기도 했습니다. 하지만 이 실험은 미국에서는 실패했습니다.

전문가 의견

유토피아를 꿈꾸는 사람은 치통을 앓는 사람과 비슷하다. 그들은 행복이란 치통이 없는 것과 동일하다고 생각한다. 그들은 무언가를 끊임없이 추구함으로써 완벽한 사회를 건설하기를 원한다. 하지만 그 무언가는 치통처럼 일시적으로 존재하기 때문에 가치 있을 뿐이다. 보다 자세히 말하면, 그들은 특정 노선을 바탕으로 야심찬 전략을 계획하지만 구체적인 계획은 제안하지 못한다. 완벽함을 꿈꾸는 사람은 누구든지 그저 자신의 공허함을 보여줄 뿐이다.

—조지 오웰 《1984》와 《동물 농장》의 저자

사회 질서에 대한 판타지

유토피아를 꿈꾸던 사상가들이 현실에서 이룬 것은 거의 없었습니다. 하지만 새로운 생활 방식을 꿈꾸던 그들의 상상력은 훗날 정치 사상가들을 고무시켰고, 정치 사상가들은 자신들이 어떠한 사회를 꿈꾸는지 다시 한 번 생각하게 되었습니다. 한편, 유토피아를 꿈꾸던 사상가들의 계획이 실패하면서 완벽한 사회를 세우기 어렵다는 사실이 증명되었습니다. 그 뒤에 등장한 정치 개혁가들은 유토피아를 건설하기 위해서는 정치적 현실도 함께 고려해야 한다는 사실을 배웠습니다.

간추려 보기

- 사회를 어떻게 다스릴 것인가에 따라 정치 제도는 자본주의와 사회주의로 구별된다.
- 산업 혁명 이후 부르주아가 사회의 신흥 세력으로 등장하면서 자본주의가 시작되었다. 자본주의는 정해진 신분에 따라 삶이 결정되지 않고 모든 사람이 자유롭고 평등하며 일한 만큼 가질 수 있다는 정치 제도이다.
- 자본주의는 봉건제에서 인간을 해방시켰다. 하지만 노동자들은 기업가들에게 착취당했고, 이러한 사회 구조가 불평등하다고 느낀 사람들은 사회주의라는 정치 제도를 만들고, 유토피아를 꿈꾸었다.

4
CHAPTER

격동의 20세기 : 전체주의, 민족주의, 공산주의

정치 제도는 꾸준히 발전했고, 이에 따라 세계도 다양한 형태로 변화해 왔습니다. 민주주의의 위기, 민족주의의 대두, 유토피아를 향한 발걸음은 각각 전체주의, 파시즘, 공산주의를 낳았습니다.

20세기 이전까지 정치 제도는 꾸준히 발전했고, 이에 따라 세계도 다양한 형태로 변화해 왔습니다. 하지만 이러한 변화가 항상 긍정적인 결과를 낳은 것은 아니었습니다. 민주주의의 위기, 민족주의의 대두, 유토피아를 향한 발걸음의 실패들은 20세기를 격랑으로 몰아갔습니다.

민주주의의 위기 : 전체주의

민주주의는 **제1차 세계 대전**(1914~1918년)과 1930년대 전 세계를 강타한 경기 침체로 위기를 맞았습니다. 전쟁의 슬픔과 경제 상황의 악화로 사람들은 미래에 대한 희망을 찾을 수 없었지요. 더불어 민주주의에 대한 회의감이 팽배하면서 전체주의가 부상하기 시작했습니다. 전체주의란 중앙 정부가 정치 및 사회생활의 모든 측면을 통제하는 정치 제도를 말합니다.

모든 것이 불확실하던 당시, 사람들은 경제적 불안정 같은 문제에 대한 해결책을 제시해 줄 확실하고 강한 리더십을 원했습니다. 이에 따라 독일, 일본, 소련 등에서 등장한 전체주의 체제의 지도자들은 국민에게

1930년대 말, 나치스 친위대는 규율과 단합을 보여 주고자 독일 뉘른베르크에서 열린 나치당 집회에 참여하고 있다.

자신의 이상에 따라 세상을 바꾸겠다고 약속했지요. 때로 전체주의 체제의 통치자들은 현대 사회의 급속한 변화에 불안감을 느낀 국민에게 변화를 막겠다는 약속을 하기도 했습니다. 그들의 목표는 이상적인 과거의 영광을 되찾는 것이었지요.

전문가 의견

전체주의는 국가나 폭력 장치 같은 외부적 수단으로 국민을 통치하는 것에 절대 만족하지 않는다. 전체주의의 독특한 이데올로기는 사람들을 내면에서 지배하고 공포에 떨게 하는 방법을 발견했다.

– 한나 아렌트 독일 출신의 정치 이론가, 《전체주의의 기원》중에서

이데올로기는 권력이다

　전체주의 체제에서는 하나의 이데올로기가 모든 것을 좌우합니다. 통치자들은 이러한 이데올로기를 이용해 전체주의 체제의 정당성을 주장하지요. 전체주의 이데올로기의 목표는 원대한 이상에 기반을 둔 새로운 사회를 건설하는 것입니다.

　체제에 대한 순응을 강요하는 것은 전체주의의 또 다른 특징입니다. 전체주의 체제에서는 사회생활을 하는 것마저 국가에 대한 국민의 의무로 여겨집니다. 국가는 국민의 사회생활을 통제해, 모든 사회 조직을 정치 활동의 일환으로 만듭니다. 전체주의 국가에서 이상적인 시민은 이러한 생활에 잘 단련되어 있고 순종적이어야 합니다. 국민들은 국가를 위해 봉사하며, 사회적 지위를 얻기 위해 국가의 승인을 원하지요. 전체주의 체제에서는 원대한 목표를 위해 개인의 희생이 불가피하다고 봅니다.

집중탐구 전체주의는 어떻게 유지될까?

　전체주의는 국민의 자유를 억압하고 폭력을 행사하기 때문에 국민들이 반발할 가능성이 높다. 그래서 전체주의 국가는 다양한 방법으로 체제를 유지하고자 하는데, 그중 하나는 국민들에게 원대한 사회 프로젝트에 참여한다는 자부심을 심어 주는 것이다. 또한 전체주의 국가는 국민들에게 생필품을 제공하고 복지 정책을 시행하는 등의 경제적인 만족을 주어 정당성을 유지하기도 한다. 예를 들어 1930년대 전 세계를 휩쓴 **대공황** 당시, 전체주의 정부는 모든 사람에게 일자리를 보장해 주었다.

　전체주의 국가는 권력을 유지하기 위해 반체제 인사를 찾아내 제거합니다. 특히 법의 테두리 밖에서 활동하는 **비밀경찰** 조직을 이용하지요. 비밀경찰들은 국민을 감시하고 체제에 반대하는 사람들을 통제합니다. 그래서 정부를 비판한 사람은 체포되고, 고문당하거나 강제 추방될 수도 있습니다. 비밀경찰은 사람들 사이에 공포와 의심을 조장합니다.

오늘날의 전체주의

　제2차 세계 대전(1939~1945년)에서 전체주의 국가들이 패배하고 난 뒤 전체주의는 실패한 정치 제도로 판명이 났습니다. 또한 소련이 붕괴하고 난 뒤 라틴 아메리카와 동유럽의 국가들은 민주화 혁명을 통해 독재자를 몰아내고 민주주의 사회를 만들었지요. 하지만 아직도 아랍, 아프

2010년, 북한 창립 65주년을 기념하기 위한 기계 체조 행사가 열렸다. 이러한 공공 행사는 전체주의 사회의 국민을 열광시킨다.

리카, 라틴 아메리카의 일부 정권과 북한에는 여전히 전체주의의 특징이 남아 있습니다.

사람들은 언제나 복잡한 정치적 문제에 단순한 해결책을 원합니다. 그들에게는 강력한 정치적 의견에 순응하고 안전을 보장받고자 하는 욕구가 내재해 있지요. 스스로 새로운 무언가를 생각해 내고, 진보한 사회를 만들어 가고자 노력하는 일은 때로 너무나 위험하고 힘듭니다. 하지만 이러한 체제 순응적 욕구가 계속 있는 한, 전체주의가 재림할 가능성은 언제나 존재합니다.

민족주의의 대두

우리는 종종 '한민족'이라는 말을 사용합니다. 그렇다면 민족이란 대체 무엇일까요? 민족이란 흔히 같은 문화와 언어를 공유하는 집단이라고 이야기할 수 있습니다. 이러한 문화와 언어를 공유하는 것은 같은 민족인 사람들에게 우리는 하나라는 연대감을 심어 주지요.

한편 민족주의는 자신이 속한 민족으로 이루어진 국가를 만들고자 하는 사상입니다. 물론 민족의 유산에 대한 자긍심은 모든 국가의 구성 요소입니다. 그리고 이는 그 국가에 긍정적인 영향을 끼칠 수도 있습니다. 예를 들어, 한국이나 중국은 민족주의를 통해서 일본으로부터 독립 운동을 펼치기도 했지요. 하지만 과열된 민족주의는 **인종주의**적 요소를 포함할 수도 있다는 위험이 있습니다. 또한 이는 다른 민족에 대한 배타성으로 나타날 수 있어, 기본적인 인권까지도 부정하는 결과를 낳기도 합니다.

파시즘의 시대

파시즘이란 제1, 2차 세계 대전이 있었던 약 1922년에서 1942년 사이, 이탈리아, 독일, 스페인에서 주로 발생한 정치적 운동을 말합니다. 파시즘 정부의 주요 특징은 공격적인 민족주의와 군사 병력입니다.

이탈리아의 지도자 베니토 무솔리니는 이탈리아에 처음으로 파시즘을 일으켰습니다. 이탈리아에서 성공하자 수많은 유럽 국가에서도 파시즘이 일어났지요. 독일의 경우, 1933년 아돌프 히틀러가 이끄는 국가 사회당, 일명 나치당에서 독일 파시즘의 가장 강력한 형태가 나타났습니다.

파시즘은 제1차 세계 대전으로 인한 사회, 문화, 정치적 변화에 대한 대응에서 출발했습니다. 하지만 파시즘 이데올로기의 근간인 민족주의적 단합에는 인종 차별의 요소가 내재해 있었습니다. 실제로 현대 역사를 통틀어 최악으로 꼽히는 집단 학살은 나치가 이끄는 독일에서 발생한 반유대주의가 원인이었습니다. 이때 700만 명 이상이 학살당했는데 여기에는 유대인, 다른 정치 견해를 가진 이들, 동성애자, 집시 등이 포함되었습니다. 이 **집단 학살**은 홀로코스트(Holocaust)라는 이름으로 널리 알려졌습니다.

집중탐구 파시즘을 해석하는 다양한 태도

많은 정치학자가 파시즘을 일관된 정치 제도로 간주하지 않는다. 이는 여러 파시즘 사이에 차이점이 있기 때문이다. 물론 파시즘에는 반체제 인사에 대한 폭력적인 억압과 순수한 민족주의의 추구라는 공통점이 있다. 또한 파시즘 정권은 군대, 기업, 교회 등 집단과 협력한다는 공통된 특징도 있다. 하지만 이러한 공통점을 제외하면 차이점이 더 많기 때문에 파시즘에 대한 다양한 해석이 존재한다. 파시즘을 사회의 급격한 변동으로 보는 견해도 있고 단순했던 시대로 회귀하고자 하는 욕망으로 보는 견해도 있다.

파시즘이 낳은 유산

제2차 세계 대전 이후 파시즘이라는 정치 제도는 사라졌습니다. 파시즘 정권은 패배했고 권력을 잃어버렸지요. 오늘날 파시즘이라는 용어는 사회 질서를 지나치게 강요하는 정치 행위를 묘사하기 위해 사용됩니다. 독재자의 지배를 받는 보수적인 테러리스트 단체와 정부 또한 파시즘 이론을 활용하고 있습니다.

사례탐구 극단적 민족주의가 불러온 참상

가장 극단적인 형태의 민족주의는 집단 학살 또는 인종 청소 같은 비극을 낳을 수도 있다. 나치의 홀로코스트가 가장 유명한 사례다. 하지만 안타깝게도 20세기에도 홀로코스트 외에 과열된 민족주의의 사례가 여럿 존재했다.

유럽 남동쪽에 위치한 유고슬라비아는 1990년대에 민족 갈등 속에 국가가 산산조각 났다. 사람들은 여러 민족으로 갈라져 자신들만의 국가를 형성했다. 그중 세르비아 민족주의자들은 인종 청소를 감행하여 특정 인종 집단의 사람들을 대량 학살했다.

또 다른 예로는 1995년 7월 보스니아의 스레브레니차라는 도시에서 거의 8,000명에 이르는 이슬람교도들이 대량 학살된 사건이 있다. 학살 대상은 대부분이 남자와 사내아이들이었다.

중앙아프리카와 동아프리카에 걸쳐 있는 르완다에서도 후투족과 투치족 사이에 인종 갈등이 있었다. 1994년, 후투족은 약 80만 명에 달하는 투치족 사람들을 학살했다. 이 대량 학살 사건은 100일에 걸쳐 일어났다.

파시즘은 불확실한 상황에 놓일 때 안전하고 통일된 공동체에 속하기 원하는 군중의 심리에 호소합니다. 현대 사회가 당면한 위기를 고려해 볼 때, 파시즘은 언젠가 다시 나타날지도 모릅니다. 국민은 경제적으로 불안할 때일수록 카리스마 있는 지도자를 원하기 때문이지요. 자신의 삶의 질을 향상시켜 주겠다고 약속하는 지도자 말입니다. 그러한 강력한 지도자가 없을 경우, 국민은 사회 문제들을 이민자나 소수자의 탓으로 돌리는 경향이 나타나기도 합니다. 그리고 극단적인 민족주의가 제시하는 정치적 문제의 해결책이 국민의 전폭적인 지지를 얻을 때마다 파시즘 정부가 다시 등장할 위험은 높아집니다.

▍ 국제 전범 재판소의 전문가들이 스레브레니차 대량 학살 희생자들의 무덤을 조사하고 있다.

유토피아는 존재할까? : 공산주의

20세기 초, 러시아의 지도자 블라디미르 레닌은 마르크스주의를 채택했습니다. 그리고 그가 채택한 이 사상은 러시아의 사회 민주 노동당의 급진파에 영감을 주었습니다. 볼셰비키라고 불린 이들은 1917년 10월, 러시아 혁명을 성공시키고 소비에트 연방 공산당이 되었습니다. 이후 러시아 혁명과 레닌이 채택한 마르크스주의에서 새로운 사회주의 이데올로기가 탄생했습니다. 바로 공산주의입니다.

소비에트 연방 공산당은 혁명을 성공시키기 위해 반대 세력과 맞서 싸웠습니다. 동시에 그들은 제1차 세계 대전 동안 유럽의 강대국에게서 나라를 보호해야 했지요. 소비에트 연방 공산당은 다양한 전선에서 전쟁을 치르는 한편 급속한 경제 성장을 위한 계획에 착수했습니다. 덕분에 러시아의 국력은 놀라울 정도로 강해졌습니다. 결국 1922년 러시아와 북유럽의 많은 주변국이 통합되어 소비에트 사회주의 공화국 연방, 즉 소련이 탄생했습니다.

1924년 레닌이 사망한 뒤 공산당 최고 지도자 이오시프 스탈린이 권력을 차지했습니다. 그리고 1927년, 스탈린은 마침내 정부 통제권을 거머쥐었습니다. 스탈린은 잔혹한 통치자였어요. 1928년부터 1937년까지 농업의 급속한 변화를 꾀하는 정책을 실시하여 집단 기아, 재이주, 강제 노동 등 부정적인 결과를 낳았지요. 공영화로 불리는 이 정책으로 인해 천만 명 이상이 사망한 것으로 추정됩니다. 또한 스탈린은 1936년과 1938년 사이에 감행된 대숙청으로도 악명 높습니다. 약 백만 명이 반스탈린파로 여겨져 숙청되었고 수백만 명이 굴라크라는 강제 노동 수

용소로 보내졌습니다. 스탈린은 1953년 사망할 때까지 계속해서 소련을 통치했습니다.

알아두기 마르크스의 혁명

프롤레타리아(Proletariat)란 노동자를 의미하는데, 마르크스는 자본주의 사회의 부작용을 극복하기 위해 부르주아 계급에 대한 프롤레타리아 계급의 투쟁이 필요하다고 생각했다. 그는 이 투쟁 뒤에 부르주아 계급이 공장, 기계와 같은 생산 수단을 독점하는 자본주의 사회에서 벗어나 사회주의를 달성하고, 완전한 공산주의 사회가 도래할 것이라고 주장한다.

단 하나의 국가에서만 발생한 사회주의?

마르크스가 주장한 사회주의 개념은 소련처럼 프롤레타리아로 이루어진 국가가 건설되면 전 세계적으로 노동자 계층이 들고 일어날 것이라는 사실을 전제로 하고 있습니다. 마르크스주의자들은 이 혁명이 많은 국가로 퍼지길 원했습니다. 하지만 현실은 매우 달랐지요. 사회주의는 세계로 번지지 않았고, 몇 국가에만 강요되거나 전파되었습니다.

소련에서 등장한 사회주의는 마르크스가 주장한 사회주의 이상 국가와 상당히 달랐습니다. 마르크스의 이론에 따르면, 사회주의를 향해 나아가면서 국가는 점차 사라집니다. 하지만 소련의 공산주의는 굉장히 거대하고 중앙 집권화되어 때로는 국민을 억압하거나 다른 국가에 공산

공산주의 정부는 소련에서 만든 이 같은 선전 포스터를 국민을 고무하고 동기 부여를 하는 데 자주 사용했다. 제2차 세계 대전 중 소련에서 제작한 이 포스터는 군인들에게 용감하게 싸우라고 말하고 있으며 포스터의 배경에는 역사적인 러시아의 군 지도자들의 모습이 그려져 있다.

주의를 강요하는 데 사용되었지요.

공산주의의 전파

시간이 흐르면서 공산주의는 널리 퍼지기 시작했습니다. 제2차 세계 대전 이후 동유럽과 아시아의 여러 국가가 소련에 포함되면서 이 국가들에도 공산주의가 자연스럽게 전파되었지요. 공산주의는 소련의 군대가 강압적으로 새로운 국가에 공산주의 정권을 수립하면서 전파되기도 하였습니다. 그렇게 수립된 정권은 외부의 강요로 만들어졌기 때문에 보통 정당성이 결여되어 있었습니다.

공산주의 정권은 때로는 식민지 지배자 또는 타락한 정권같이 기존에 권력을 쥐고 있던 세력을 무너뜨리고 권력을 잡기도 했습니다. 보통 라틴 아메리카에서 이러한 현상이 나타났지요.

공산주의의 붕괴

1985년, 미하일 고르바초프는 소련 공산당의 지도자가 되었습니다. 고르바초프가 실시한 정책의 주요 목표는 사회주의적 민주주의를 현실에 적용하는 것이었습니다. 글라스노스트(개방), 페레스트로이카(경제 구조조정), 데모크라티아(민주적 책임)로 알려진 이 정책들은 소련을 서구 민주주의에 더 가깝게 만드려는 것이었지요. 하지만 이러한 정책들로

북한과 남한 사이의 비무장 지대는 전 세계에서 가장 위험한 지역이다. 이 지대를 중심으로 공산주의 국가인 북한과 자본주의 국가인 남한으로 나뉜다.

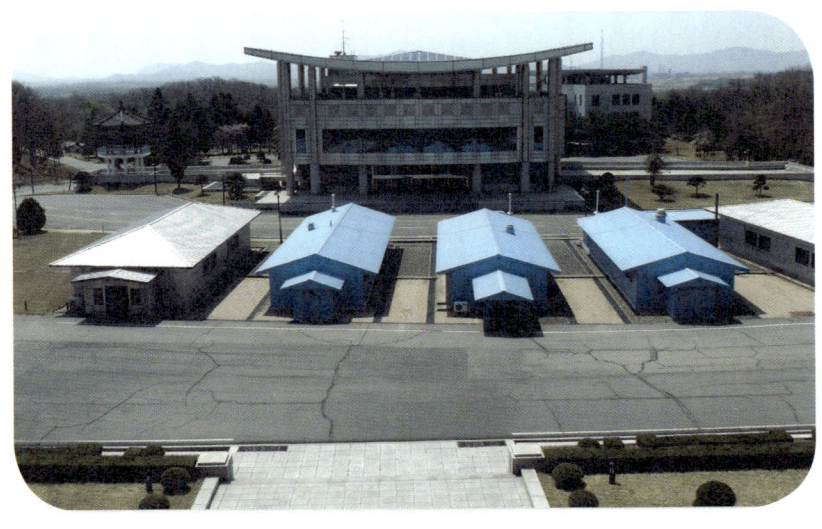

공산주의 실패의 원인

완전한 평등이라는 이상 사회를 꿈꾸던 소련의 공산주의가 몰락한 것에는 다양한 원인이 있다. 첫 번째로는 최대한 노력하여 일하고, 필요한 만큼 분배받는다는 사회주의의 시스템이 개인의 의지를 떨어트려 생산의 효율성이 떨어진다는 것이다. 두 번째로는 마르크스가 사회주의의 성공을 위해서 전제했던 완전한 자본주의 사회가 도래하지 않은 채 소련의 공산주의 혁명이 시작되었다는 점이다. 또한 사회에 대한 정부의 개입을 최소화하는 자본주의와는 달리, 평등을 유지하기 위해 다양한 역할을 해야 하는 정부의 몸집이 비대해지면서 독재 국가로 변했다는 것도 실패 원인이다. 그 외에도 미국과 소련 간의 장기적인 냉전, 통신 기술의 발전에 따른 자본주의 국가와의 교류 증대 등이라는 원인들이 있다.

말미암아 소련은 1989년과 1991년 사이 해체되고 맙니다. 소련의 해체로 소련의 일부였던 동유럽 공산주의 국가 정부들은 개혁을 꾀했어요. 공산주의로 남아있던 동유럽 국가들도 지하 민주주의 단체의 조직화된 시위운동으로 인해 붕괴되었습니다.

오늘날 사회주의자들 상당수가 소련의 공산주의는 사회주의자들이 원하는 목표를 제대로 보여 주지 못했다는 데 동의합니다. 사실, 진정한 사회주의는 아직 실현된 적이 없습니다.

사례탐구 *77 헌장과 벨벳 혁명*

1976년, 중앙 유럽에 자리한 체코슬로바키아의 경찰은 '플라스틱 피플 오브 더 유니버스(The Plastic People of the Universe)'라는 록 그룹을 체포했다. 긴 머리에 평범하지 않은 의상을 착용하고 큰 소리로 시끄럽게 노래하기 때문에 평화를 파괴한다는 어처구니 없는 혐의였다.

운동가 단체는 그들이 체포된 것에 대항해 1977년 1월, '77 헌장'이라는 성명서를 냈다. 그 성명서를 통해 그들은 정부가 인권을 존중해야 한다고 주장했다. 단체의 지도자인 극작가 바츨라프 하벨은 록 그룹을 체포한 것은 삶 자체에 대한, 인간이 누려야 할 자유의 본질에 대한 전체주의 체제의 공격이라고 주장했다.

77 헌장의 운동가들은 공권력의 수사 대상이 되었고 괴롭힘을 당했다. 많은 이들이 직장에서 쫓겨났으며, 하벨을 비롯한 몇몇 사람들은 투옥되기도 했다. 하지만 77 헌장은 비밀리에 운영되며 1980년대 내내 활동을 멈추지 않았다.

1989년, 경찰은 평화로운 방법으로 시위하던 학생들을 무자비하게 탄압했다. 그러자 77 헌장의 운동가들이 앞장서서 혁명을 일으켰다. 이 혁명은 승리했고 많은 이들에게 '벨벳 혁명'이라고 불렸다. 혁명의 평화적인 성격 때문이었다. 벨벳 혁명의 승리는 강압적인 정부에서 개방된 사회로 이행하기 위해서는 민주주의적 제도가 시행되어야 함을 보여 주었다.

1989년 대통령으로 선출된 하벨은 1992년 체코슬로바키아가 체코와 슬로바키아로 분리될 때까지 그 자리를 지켰다. 그 뒤 1993년부터 2003년까지 체코 공화국의 초대 대통령으로 일했다. 하벨은 2011년 12월 사망했으며 아직까지도 많은 사람에게 민주주의의 희망이자 인권 수호의 상징으로 남아 있다.

간추려 보기

- 20세기는 다양한 정치 제도들이 태동한 격동의 시기였다.
- 민주주의에 대한 불신으로 등장한 전체주의는 국가에 대한 개인의 희생을 강조한다.
- 극단적 민족주의의 등장은 파시즘을 불러왔는데, 이는 나치의 홀로코스트를 비롯한 수많은 사람들의 희생을 가져왔다.
- 한편 자본주의의 대안으로 떠오른 사회주의는 소련에서 본격적으로 시작되어 동유럽, 라틴 아메리카, 중국 등에 널리 전파되었으나 끝내 실패했다.

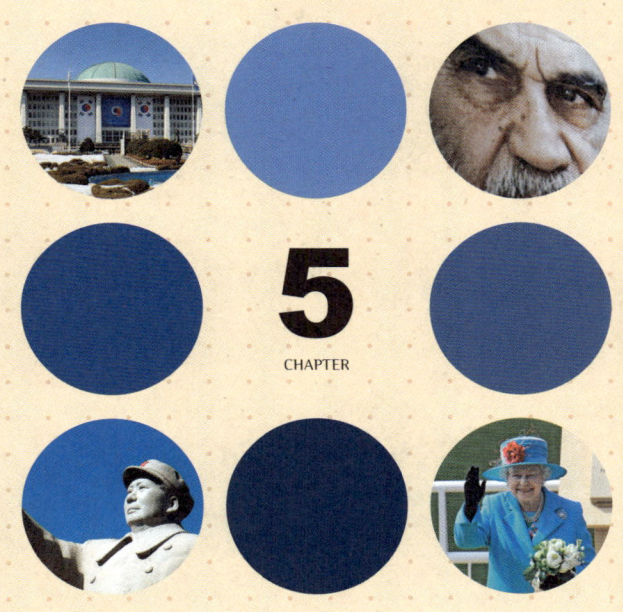

5

CHAPTER

현실의 정치 제도

자본주의나 사회주의만의 유토피아를 만드려는 시도가 모두 실패하자, 다양한 정치 제도
들의 좋은 점만을 모아 더 나은 사회를 만들고자 하는 노력이 있었습니다. 현실에 존재하
는 다양한 정치 제도들은 이러한 노력의 산물이지요.

자본주의

자본주의나 사회주의만의 유토피아를 만드려는 시도가 모두 실패하자, 다양한 정치 제도들의 좋은 점만을 모아 더 나은 사회를 만들고자 하는 노력이 있었습니다. 현실에 존재하는 다양한 정치 제도들은 이러한 노력의 산물이지요.

혼합된 정치 제도

현실에서 단 한 가지 형태로 존재하는 정치 제도는 없습니다. 대부분의 정부는 하나의 정치 제도로 쉽게 규정될 수 없으며, 보통 다양한 정치 제도의 요소를 혼합해 활용하고 있지요. 어떤 정치학자들은 정부 운영을 성공적으로 하려면 이러한 다양한 정치 제도 사이에서 균형을 이루어야 한다고 주장합니다. 특정한 정치적 목적 또는 사회적 목적을 달성하는 데 다양한 정치 제도의 여러 측면이 활용될 수 있기 때문입니다. 시장과 복지, 개인과 국가, 전통과 계몽과 같은 것들을 서로 대립되는 것으로 보지 않고, 그 사이의 균형점을 찾는 시도를 통해 정부는 국가가 당면한 여러 가지 문제를 해결할 수 있습니다.

엘리자베스 2세는 1952년부터 현재까지 영국의 여왕으로 재위하고 있다.

영국의 정치 제도

영국은 자본주의를 지향하는 민주주의 국가입니다. 하지만 영국에는 사회주의적인 성격을 가진 제도도 많이 있습니다. 영국의 총리였던 토니 블레어가 자본주의와 사회주의 중 하나의 노선이 아닌 '제3의 길'을 선택하는 새로운 시도를 했기 때문입니다. 이러한 영국의 제도에는 은퇴한 사람에게 지급되는 노인 연금, 일자리를 찾는 실업자들에게 지급되는 구직자 실업 수당, 무료 의료 서비스인 국민 보건 서비스 등이 있지요.

또한 영국은 군주제와 민주주의가 혼합되어 있는 독특한 정치 제도를 가지고 있기도 합니다. 영국에서 군주, 즉 왕은 국가의 상징적인 존재로 있으며, 총리가 이끄는 내각이 입법을 비롯한 실질적인 업무를 담당하고 있습니다.

중국의 정치 제도

중국은 사회주의 국가이면서 동시에 자본주의적 요소를 가지고 있습니다. 1949년 마오쩌둥은 중국을 공산주의 국가로 만들었습니다. 하지만 중국의 경제 상황이 점차 악화되면서 공산주의 체제의 한계를 깨달은 덩샤오핑은 정치적으로는 사회주의를 유지하면서 경제적으로는 개

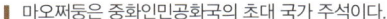
마오쩌둥은 중화인민공화국의 초대 국가 주석이다.

혁·개방 정책을 통해 자본주의 시장 경제를 일부 수용했지요. 또한 중국은 소련의 붕괴와 동유럽 공산권의 몰락을 지켜보면서 공산주의 정치 제도를 계속 유지하기 위해 다양한 변화를 모색했습니다. 그 덕분에 중국은 세계 시장에서 빠른 경제 성장률을 보이며 신흥 경제 강국으로 발돋움할 수 있었습니다.

이란의 정치 제도

이란은 신정 공화국이라는 독특한 정치 제도를 가지고 있습니다. 이란의 정치 제도는 신권 정치와 민주주의적 요소가 합쳐져 있는 정치 제도입니다. '이맘'이라는 종교 지도자가 국가의 최고 지도자로 존재하고,

이란의 대통령 마흐무드 아흐마디네자드가 2011년 지금의 이란을 만든 루홀라 호메이니의 포스터 앞에서 연설을 하고 있다.

그 아래에 대통령이 이끄는 내각이 존재합니다. 이란 국민은 1979년 이슬람 혁명을 통해서 독재 정권을 내쫓았습니다. 그리고 이슬람 최고 성직자의 지도 아래에 권력의 분립과 민중의 투쟁을 강조하는 공화정을 만들었지요. 이란은 신권 정치를 유지하면서도 동시에 정치권력의 분립을 통한 공화국의 면모를 가지고 있습니다. 그 이유는 이슬람교에 대한 강한 믿음과 혁명을 통해 얻어진 국민들의 성숙한 정치 문화가 공존하고 있기 때문이지요.

우리나라의 정치제도

현대의 정부는 주로 의원내각제와 대통령제, 두 가지 형태로 나뉩니다. 대통령제에서는 행정부의 수반인 대통령이 국민의 투표를 통해 선출되어 국가의 원수를 맡습니다. 반면 의원내각제에서는 의회에서 더

❚ 국회의사당에서는 우리나라의 입법부에 소속되어 있는 국회의원들이 국가의 정치를 논의한다.

많은 자리를 차지하고 있는 당이 행정부인 내각이 되고, 의회에서 내각의 대표인 수상이나 총리를 선출하지요. 우리나라는 대통령제를 채택하고 있는데, 그 속에 의원내각제의 성격도 섞여 있습니다. 대통령제는 원칙적으로 행정부와 입법부가 엄격하게 분리되어 있어서 대통령이 수반으로 있는 행정부는 법률을 제안할 수 있는 권리가 없습니다. 하지만 우리나라에서는 행정부와 입법부가 모두 법률을 제안할 권리가 있습니다. 또한 원래 대통령제에서는 국무총리가 존재하지 않는데, 우리나라에는 대통령을 보좌하는 국무총리와 대통령이 주요 정책을 심사하고 이에 대해 입법부와 함께 책임을 지도록 되어 있지요. 이렇게 대통령제와 의원내각제의 특징이 동시에 존재하는 우리나라의 정부는 혼합된 정치제도의 대표적인 모습입니다.

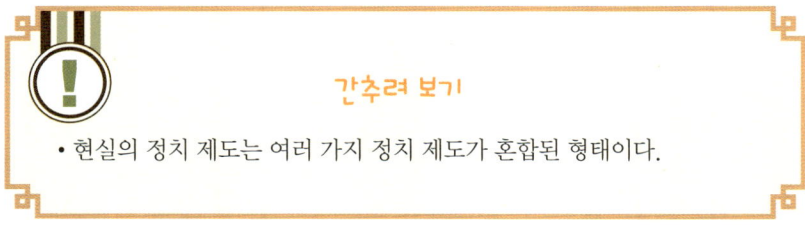

간추려 보기

• 현실의 정치 제도는 여러 가지 정치 제도가 혼합된 형태이다.

6

CHAPTER

국제기구

통신 기술과 교통의 발달로 세계는 더욱 가까워지고 있습니다. 이렇게 국가들의 관계가
복잡하게 얽히면서 한 국가의 문제가 더는 그 국가만의 문제가 아닌 전 세계의 문제가 되
었습니다. 그리고 이러한 문제들을 해결하기 위한 정치 제도가 반드시 필요하게 되었지
요. 그래서 등장한 것이 다양한 국제기구입니다.

통신기술과 교통의 발달로 세계는 더욱 가까워지고 있습니다. 이제 우리는 지구 반대편에 있는 친구와도 자유롭게 대화할 수 있고, 어디로든 여행할 수 있어요. 하지만 이렇게 세계의 간격이 좁아지고 국가들의 관계가 복잡하게 얽히면서 한 국가의 문제가

버락 오바마 미 대통령이 2010년 국제연합(UN, United Nations) 총회에서 연설을 하고 있다. UN은 국제적 담화를 위한 단체이지만, 결의안을 발행하고 연구를 수행하며 인도적 임무를 후원하는 일도 한다.

더는 그 국가만의 문제가 아닌 전 세계의 문제가 되었습니다. 그리고 이러한 문제들을 해결하기 위한 정치 제도가 필요하게 되었지요. 그래서 등장한 것이 다양한 국제기구입니다.

인권 문제

인권이란 인간이 가지고 있는 천부적인 권리입니다. 생명의 존중, 자유, 평등과 같은 인간이 마땅히 누려야 할 기본적인 권리를 뜻하지요. 전 세계 대부분의 국가가 인권의 기준을 인정할 경우, 강압적인 정권이 인권을 유린하고도 아무런 대가를 치르지 않기란 어려울 것입니다.

2011년 6월, **유럽인권재판소**(European Court of Human Rights)는 2003년 이라크 전쟁에서 영국의 역할과 관련하여 중대한 판결을 내렸습니다. 재판소는 영국이 전쟁에 가담했기 때문에 영국 군인들이 저지른 이라크 민간인 사살 사건을 제대로 조사하지 못한 책임이 있다고 판결을 내렸습니다. 또한 재판소는 이라크에 주둔하는 영국과 미국이 국가의 **공권력**을 남용했다고 주장했습니다. 이는 국내뿐만 아니라 국외에서 인권을 존중하는 방식에 따라 정부들이 평가될 수 있다는 사실을 확실히 보여 주었습니다. 또한 그들의 군대가 해외에서 어떠한 작전을 벌이는지에 따라서도 평가가 달라질 수 있음을 보여 주었지요.

네덜란드 헤이그에 있는 국제형사재판소(ICC, International Criminal Court)는 국제 재판 및 인권을 위한 또 다른 국제기구로 2002년 설립되었습니다. 헤이그에 있는 첫 번째 국제 형사 재판소는 제2차 세계 대전 이후 나치 전범들을 처단하기 위해 세워졌지요.

국제형사재판소는 인권 유린 혐의가 있는 전 세계 통치자들에게 체포 영장을 발부합니다. 물론 국제형사재판소 자체에는 통치자들에게 발부된 영장을 집행할 경찰이 없습니다. 하지만 국제형사재판소가 발부한 영장은 통치자가 타도되거나 추방될 때 죄인들이 해외로 도피해 항소하는 것을 막아 주지요. 전범으로 국제형사재판소의 판결을 받게 된 통치자로는 서아프리카 라이베리아의 찰스 테일러와 세르비아(전 유고슬라비아)의 슬로보단 밀로셰비치가 있습니다.

사례탐구 **국제기구의 국내 사태 개입**

1999년 1월, 세르비아 대통령 슬로보단 밀로셰비치의 명령에 따라 경찰들은 독립을 원하는 코소보 국민을 대량 학살했다. 이에 국제단체는 밀로셰비치에게 경고의 메시지를 보냈다. 그러나 밀로셰비치는 시간이 지날수록 더욱 폭력적인 방법을 사용해 수년 동안 알바니아인들에게 코소보를 떠나길 강요했다. 결국 국제적인 군사 연합체인 북대서양조약기구는 코소보 사태에 개입하기로 결정했다. 북대서양조약기구는 밀로셰비치의 군대가 자행하는 대량 학살을 끝내기 위해 3월부터 공습을 시작했다.

이 폭격은 논란의 여지가 많았다. 민간인과 군대 모두를 사정권에 두었으면 UN 안전보장이사회의 허락을 받지 않았기 때문이었다. 그해 6월, 밀로셰비치는 코소보에서 자국의 군대를 퇴각시키는 데 동의했다. 북대서양조약기구의 평화 유지군은 코소보인을 보호하기 위해 계속 주둔했다. 코소보는 2008년 2월 17일, 독립국이 되면서 마침내 세르비아에서 완전히 독립하게 되었다.

세계원자력기구는 핵무기의 확산을 방지하고 원자력의 평화적인 사용을 위해 만들어진 국제기구이다.

핵 문제

핵무기의 확산 또한 국제 사회의 주요 걱정거리입니다. 전 세계적으로 8개 국가가 핵무기를 개발하고 실험하고 있습니다. 영국, 미국, 프랑스, 중국, 러시아, 인도, 파키스탄, 북한이지요. 이스라엘 또한 핵무기를 보유하고 있다고 의심됩니다. 이들 외에도 비밀리에 핵무기를 개발 중인 국가가 있을 수 있으며 국제 테러 단체들은 핵무기를 보유하겠다고 으름장을 놓기도 합니다. 핵무기는 지구상의 모든 사람을 참혹한 죽음으로 몰 수 있습니다. 이러한 사실은 국제 사회에 큰 부담이 되고 있습니다. 국제 사회는 핵무기를 이용한 전쟁을 막아야 할 의무를

지고 있기 때문이지요. 이러한 핵 문제를 해결하기 위해 세계원자력기구인 IAEA(International Atomic Energy Agency)는 NPT(Nuclear Non-Proliferation Treaty)라는 **핵 확산 금지 조약**을 발효하고 핵에너지의 평화적 사용을 감시하고 있어요.

부패

사람들이 직권을 남용하거나 개인적인 이익을 위해 자원을 함부로 쓰는 것을 일컬어 부패라고 합니다. 이는 모든 정치 제도에서 공통적으로 나타나는 문제 중 하나입니다. 부패에서 자유로운 사회는 없습니다. 부패는 개발 도상국, 선진국 할 것 없이 모든 국가에서 발생합니다.

정부가 국민의 목소리에 귀를 기울이면 부패를 어느 정도 막을 수 있습니다. 하지만 민주주의라고 해서 언제나 부패를 방지할 수 있는 것은 아닙니다. 예를 들어, 민주주의 정부도 자신에게 어떤 식으로든 도움이 된다면 부패한 정권과 사업을 하거나 그들을 지원합니다. 그렇다고 면죄부를 줄 수 있는 것은 아닙니다.

윤리적인 측면에서 부패는 정치에 안 좋은 영향을 끼칩니다. 정치인들이 직권을 남용하면 건전한 정책적 논의는 줄어듭니다. 또한 너무 지나친 부패에 국민들이 혐오감을 느끼면 정치 과정에 흥미를 잃어버립니다.

그래서 사람들은 부패에 대한 경각심을 일으키기 위해서 국제단체를 조직했습니다. 홍콩의 국가청렴위원회(Independent Commission Against Corruption)가 대표적인 예로, 그와 비슷한 단체들의 모델이 되기도 했지요. 부패 방지를 목적으로 설립된 또 다른 단체로는 독일 베를린에 본부를 두고 있는 국제투명성기구(Transparency International)가 있습니다. 한편 **경제협력개발기구**(OECD)는 반뇌물 조약을 맺기도 했는데, 이는 선진국의 영향력에서 개발 도상국을 보호하기 위해서였습니다.

세계화와 경제적 협력

국가들 사이에 정치, 문화 및 경제적 연관성이 형성되는 현상을 가리켜 세계화라고 부릅니다. 더욱 구체적으로 말하면, 세계화란 국제 금융 시장의 경제적 상호 연결성을 일컫습니다. 각 국가뿐만 아니라 기업이라 불리는 큰 회사들 또한 전 세계에 영향을 끼치고 있습니다. 특히 수많은 국가에서 활동하는 회사들을 다국적 기업이라고 부르는데, 이들은 인건비가 저렴한 국가들의 노동력을 이용합니다. 그리고 이러한 경

2008년, 스위스 베른에서 반세계화를 주장하는 운동가들이 세계 경제 포럼 회의에 반대하는 시위를 벌이고 있다.

제적 협력을 더욱 극대화하기 위해, 경제협력개발기구, **세계무역기구**(WTO), **국제통화기금**(IMF)과 같은 다양한 국제기구들이 생겨났습니다.

국가 간의 경제 협력이 긴밀해지면 다른 국가와의 외교 관계도 더불어 좋아질 수 있습니다. 또한 경제적 효율성을 극대화시켜 더욱 부유해질 수 있지요. 하지만 세계화가 항상 긍정적인 효과만을 가져오는 것은 아닙니다. 현대에는 전 세계의 경제 제도가 개별 국가의 정치에 큰 영향

사례탐구 **전 세계적인 금융 시위**

2011년 10월 15일, 런던, 뉴욕, 로마, 도쿄 등 전 세계의 도시에서 글로벌 금융 시스템에 대한 항의 시위가 일어났다. 이 시위들은 월가 시위에서 촉발되었다. 월가 시위는 2011년 9월 17일 뉴욕에서 시작되어 미국 전역으로 빠르게 번져 나갔다.

시위대들의 불만 사항은 다양했지만 주요 불만 사항은 국제 금융 제도의 실패였다. 많은 사람이 2007년 12월 시작된 전 세계적인 경기 침체의 늪에서 헤어 나오지 못하고 있었다.

경기 침체의 원인은 국제적인 채무 및 부패한 투자 관행 등 다양했다. 위험한 투자를 감행했던 주요 금융 기관은 정부 개입으로 구제되었지만 경기 침체로 많은 사람이 일자리나 집을 잃었다.

수많은 국가에서 부유한 사람과 가난한 사람들 사이의 격차는 계속해서 벌어졌다. 독일 베를린에서 한 시위자는 〈뉴욕타임스〉와의 인터뷰에서 이렇게 말했다. "저는 자본주의 자체에 반대하지는 않습니다. 하지만 금융 제도가 상당히 비윤리적으로 돌아가고 있다고 생각합니다. 은행을 구제 금융해서는 안 됩니다. 사람들을 구제 금융해야 합니다."

▮ 러시아 모스크바에서 환경 보호 단체가 호수를 보호하기 위해 시위를 하고 있다.

을 끼칩니다. 그래서 부유하지 않은 약소국들은 강대국에게 경제적, 더나이가 정치적으로도 종속될 수 있습니다. 이는 국내의 경제 불평등과 실업으로 이어질 수 있습니다.

환경 문제

전 세계가 직면한 가장 큰 문제는 아마도 환경 문제일 것입니다. 환경 오염, 기름 유출, 지구 온난화 등의 문제는 모든 국가의 관심사입니다. 이 문제들은 지구 전체에 큰 재앙을 불러올 수 있기 때문입니다. 또한 오염된 환경은 우리의 미래 세대가 행복하게 살 수 없도록 만들지요. 그렇기 때문에 환경 문제를 해결하기 위해서 다양한 기구들과 협약이 만들어졌습니다. 지구 온난화 문제를 해결하기 위한 리우 협약, 습지 보호를 위한 람세르 협약, 오존층 파괴 방지를 위한 몬트리올 협약, 환경 보호 단체인 그린피스(Greenpeace), 세계 자연 보호 기금(WWF, World Wide Fund for Nature)등을 들 수 있습니다.

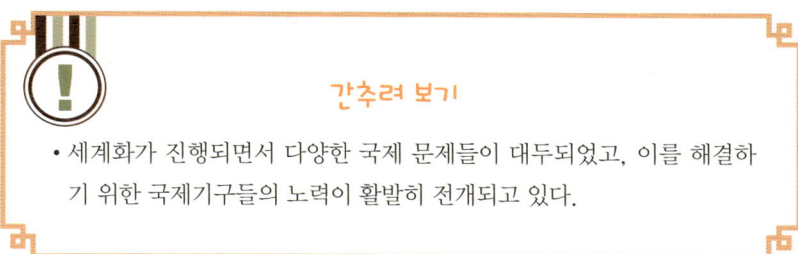

간추려 보기

• 세계화가 진행되면서 다양한 국제 문제들이 대두되었고, 이를 해결하기 위한 국제기구들의 노력이 활발히 전개되고 있다.

세 상 바 꾸 기

현대 정치 제도의 역사는 주로 민주주의를 향한 전 세계적인 발전 과정이라고 볼 수 있습니다. 오늘날 민주주의 제도는 공정한 형태의 정부가 취할 수 있는 가장 합리적이고 윤리적인 제도로 여겨집니다. 그렇다면 과연 민주주의는 완벽한 정치 제도일까요?

튀니지에서 독재자를 무너뜨린 민주화 운동은 아랍의 봄을 촉발시켰습니다. 또한 튀니지는 혁명을 통해 정치적 자유를 찾아 민주적인 선거를 치른 아랍의 첫 번째 국가입니다.

2011년 10월 25일, 튀니지인들은 새로운 헌법의 초안을 작성하고, 국가를 운영할 수상과 국회의원을 선출하기 위해 선거를 치렀습니다. 중도 이슬람 당인 엔나흐다 당이 절반의 표를 가져갔고 공화국을 위한 회의, 노동과 자유를 위한 민주 포럼 같은 비종교 당이 나머지 표를 나누어 가졌습니다.

튀니지인들은 투표 결과에 서로 다른 의견을 내놓았습니다. 시위대들은 새로운 정부가 투표 결과를 조작했다고 믿었습니다. 하지만 엔나흐다 당을 기존 독재자에 반대하는 역사적 상징이자 변화의 기회로 보는 이들도 있었습니다. 다른 정당의 대표자들은 투표 결과를 이슬람과 세속 세력이 협력할 기회이자 내전을 피하고자 하는 유권자들의 욕망이 표출된 것으로 보았습니다. 튀니지가 종교적 권위와 정치적 자유 사이에 균형을 맞출 수 있을지는 앞으로 더 지켜볼 필요가 있습니다.

새롭게 자유를 찾은 국가들에게 이러한 변화는 어떤 의미가 있을까요? 이집트나 리비아에서는 앞으로 무슨 일이 일어날까요? 모든 국가는 자기 나라만의 독특한 역사와 정치적 전통을 기반으로 형성됩니다. 하지만 튀니지의 선거는 전통을 뒤엎은 새로운 정부가 수립될 가능성과 그로 인한 위험을 보여 주는 유익한 예가 될 수 있습니다.

정치 제도의 미래

현대 정치 제도의 역사는 주로 민주주의를 향한 전 세계적인 발전 과정이라고 볼 수 있습니다. 오늘날 민주주의 제도는 공정한 형태의 정부가 취할 수 있는 가장 합리적이고 윤리적인 제도로 여겨집니다. 그렇다면 과연 민주주의는 완벽한 정치 제도일까요?

불행하게도 민주주의 제도는 정치학자들이 우려할 만한 다양한 문제를 낳기도 합니다. 정치적 책임을 직업 정치인들에게 맡길 경우, 그 정치인들은 국민이 일상에서 겪는 문제에 관심을 갖는 대신 권력을 유지하기 위한 재선거 전략에만 관심을 쏟아부을 수 있습니다. 또한 그들은 논란의 여지가 있는 문제들이 자신들의 경력에 안 좋은 영향을 끼칠 수 있다고 생각될 경우 이 문제를 앞장서서 해결하려 하지 않고 숨길 수도 있습니다. 이는 효과적인 정책을 수립하려는 정부의 계획에 방해가 되며 결국 국민은 선출된 정치인과 공무원들을 믿지 못하게 됩니다.

민주주의는 다수결의 원칙을 따르고 있습니다. 다수결의 원칙은 다양한 정책의 대안들 중에서 가장 많은 사람들이 좋다고 여기는 정책들을 따르기 때문에 합당한 것처럼 보입니다. 하지만 다수의 의견을 따르다 보니 소수의 의견은 묵살당할 가능성이 높습니다. 더욱이 소수와 아주 적은 차이로 다수가 된 의견의 경우, 다수결의 원칙을 통해 정책이 만들어지더라도 그것의 정당성을 찾기란 매우 어려운 일이지요. 또한 다수의 의견이 언제나 옳은 것은 아닙니다.

이처럼 현재 민주주의의 위기는 모두 끝난 것처럼 보이지만 사실 민주주의에는 언제라도 그 의미가 변질되고, 붕괴될 수 있는 위험 요소가 너무나 많습니다. 또한 사라진 것처럼 보였던 민족주의는 여전히 전 세계적으로 강력한 힘을 발휘하고 있습니다. 특히 경제적 또는 정치적으로 위기가 닥친 시기에는 더욱 그러하지요. 전 세계가 당면한 문제에 해결책을 제시해 주는 것처럼 보이는 민족주의로 돌아갈 위험은 언제나 존재합니다. 이는 새로운 형태의 파시즘이 등장할 수도 있다는 의미입니다.

노동자의 날인 2010년 5월 1일, 노동자들이 중앙아메리카에 있는 엘살바도르의 수도 살바도르에 모여 있다. 전 세계 사람들이 노동자의 날을 기념하며, 이날을 대규모 정치 시위를 벌일 좋은 기회로 여긴다.

그렇다면 어떤 정치 제도가 좋은 것이며, 어떤 정치 제도가 나쁜 것일까요? 그리고 우리는 좋은 정치 제도를 유지하기 위해서 어떠한 노력을 해야 할까요? 이에 대한 답을 쉽게 내릴 수는 없습니다. 하지만 우리가 이 책을 통해서 알아본 다양한 정치 제도들은 오랜 시간에 걸쳐서 여러 갈래로 변화하고 발전해 왔습니다. 이들의 내용은 모두 다르고 특징도 모두 다르지만 한 가지 확실한 것은 더 나은 세상을 향한 꿈에서 시작되었다는 것입니다. 과거에 대한 공부를 계속하여 많은 이들을 불행

프리츠 랑의 〈메트로폴리스〉같이 디스토피아를 그린 책과 영화는 미래를 배경으로 하며 공상 과학적인 요소를 담고 있다. 하지만 그들 대부분은 현존하는 정치 및 사회 문제의 부정적인 영향에 대해 그리고 있다.

집중탐구 디스토피아 꿈꾸기

　문학은 보통 허구의 정치 제도를 그린다. 허구적인 정치 제도를 그리는 이러한 장르, 즉 문학 스타일을 디스토피아 소설이라고 한다.

　그리스어로 '나쁜 곳'을 의미하는 디스토피아는 유토피아와 정반대의 모습을 하고 있다. 디스토피아 소설은 윤리적으로 결함이 있는 정치 제도를 그리는데, 이 제도는 보통 스스로를 유토피아라고 여긴다는 특징이 있다.

　작가들은 사회를 통제하기 위한 비윤리적인 수단을 과장하고 강조하기 위해 상상 속의 디스토피아를 만들어 낸다. 소설을 통해 의심스러운 정치적 이상에 내재해 있는 위험을 경고하고, 정치의식을 고취시키는 것이다. 다음은 가장 잘 알려진 디스토피아 소설들이다.

《멋진 신세계》

　올더스 헉슬리의 《멋진 신세계》에서는 전체주의 세계 정부가 인구를 제한하여 평화로운 사회를 건설한다. 국가는 극단적인 소비 지상주의를 강조하며 국민에게 '소마'라는 약을 사용할 것을 강요한다. 개성을 반사회적인 요소로 여기는 사회에서 모든 사람은 행복하도록 길들여진다. 멋진 신세계의 영역 밖에서 '야만인'으로 길러진 사내는 이 같은 순응주의에 대항한다.

《1984》

　조지 오웰의 《1984》에 등장하는 사회는 끊임없는 전쟁, 감시, 역사 왜곡을 기반으로 하고 있다. 공무원인 윈스턴 스미스는 전체주의 정부와 그 우두머리인 빅 브라더에 대항해 반란을 일으키려고 한다. 오웰의 전형적인 디스토피아 소설인 《1984》는 정신을 지배하기 위한 수단으로 활용되는 언어를 이야기한다.

하게 만들었던 역사를 경계하고, 미래를 향한 생각을 끊임없이 한다면 우리는 더 행복한 세상을 만들 수 있을 것입니다.

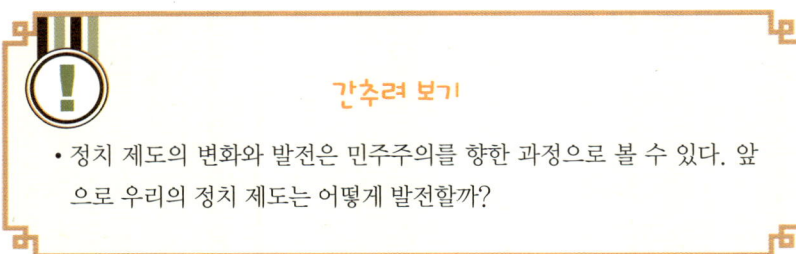

간추려 보기

- 정치 제도의 변화와 발전은 민주주의를 향한 과정으로 볼 수 있다. 앞으로 우리의 정치 제도는 어떻게 발전할까?

용어 설명

경제협력개발기구(OECD, Organization for Economic Cooperation and Development) 회원국 간의 협력을 통해 세계 경제의 활성화와 발전을 도모하는 정부 간 협력기구. 서방 세계의 경제 협력뿐만 아니라 개발 도상국의 경제 성장을 돕는 것에 목적이 있다.

계몽주의 16~18세기에 유럽에서 유행한 사상으로 이전의 권위주의적인 가치나 사상, 제도 등에 반대하고 인간의 이성과 합리적인 사유를 중요시하는 사상. 계몽주의는 인간이 이전의 사고방식에서 깨어나 이성을 발전시키면 인간 사회는 더욱 진보할 것이라고 생각한다.

공권력 국가나 단체가 국민에게 행사할 수 있는 공적인 권력. 때로는 그 권력을 행사하는 기관 자체를 의미하기도 한다. 국가는 공권력을 통해 국민에게 어떠한 행동을 강제하거나 명령할 수 있다.

공산당 마르크스와 레닌의 사회주의 이념, 즉 공산주의 사회의 실현을 목표로 하는 정당.

공화국 국민이 직접 통치하는 민주주의의 원리가 제도화된 국가 형태. 국민이 선거를 통해 선출한 지도자에게 통치권을 위임하여 국가를 이끌어 나가는 것을 의미한다. 공화국을 이끌어 나가는 지도자는 권위주의적 지도자와는 다르게 국민들에게 통치 정당성을 부여받으며 공화국의 국민들은 민주주의 시민으로서 의무가 강조된다.

과두제 소수의 지배. 과두제 자체에는 나쁘거나 좋은 의미가 담겨 있지 않고 소수 집단의 지배 그 자체를 의미할 뿐이다. 과두제는 그 성격에 따라 공화정이나 독재 정부로 구분될 수 있다.

관료 관료란 국가 권력에 의해 행정을 집행하도록 허가받은 공무원들을 의미한다. 대체적으로 정치에 영향력이 있는 고급 관리를 일컫는다. 때로 관료는 공무원들을 비난할 때 사용되기도 한다.

국제통화기금(IMF, International Monetary Fund) 1945년에 설립된 국제 금융 기구. 세계 무역의 확대를 통해 가맹국들의 소득 증가, 고용 증대를 목표로 외환 시세의 안정과 자금 공여를 주요 활동으로 한다.

국회 선거를 통해 선출된 국회의원이 국민의 뜻에 따라 법을 만들고 행정부를 견제하는 기관.

군사 정권 군대가 정치권력을 탈취하여 국가를 지배하는 형태. 대부분의 군사 정권은 쿠데타의 결과로 수립된 독재 체제이며 민중운동을 폭력적으로 억압하는 경우가 많다.

군주 왕, 황제, 원수 등 모든 세습된 권력을 가진 지배자를 총칭하는 말. 군주는 민주주의 국가에서 선거로 선출되는 국가의 지도자와는 달리 태어나면서 혈통에 따라 자동으로 권력을 가지게 된다.

대공황 1929년에 시작된 세계적인 경제 위기. 미국에서 시작된 과잉생산과 주가 대폭락이 점점 연쇄적으로 파급되어 전 세계의 자본주의 국가는 어려움을 겪었다.

독재자 독재란 권력 분립, 헌법에 기초한 통치와 같은 민주주의적 요소를 배제하고 개인이나 소수로 구성된 단체가 권력을 독점하는 것. 독재자란 이러한 독재 정치를 하는 사람으로 이들은 자신의 이익을 국가의 존립의 최우선 가치로 하며 자의적인 통치를 한다.

미디어 신문, 텔레비전, 라디오와 같이 정보를 전달하는 매개체. 공정한 미디어는 정치권력을 감시하고 사회의 여러 가지 의견을 반영하는 긍정적인 역할을 한다.

민선 정부 국민이 선출한 정부

부족 같은 종교나 언어, 조상을 공유하고 있는 공동체로 원시 사회의 구성 단위. 부족의 주민들은 자신들이 함께 생활하고 있다는 것을 인지하고 그들이 공유하고 있는 여러 의식에 따라 생활한다.

북대서양조약기구(NATO, the North Atlantic Treaty Organization) 1949년 발족되어 영국, 미국, 캐나다, 터키, 그리스 등이 회원국으로 있는 안전 보장 기구. 북대서양 조약에 의하여 서유럽 지역의 안전을 도모하는 것을 목표로 하고 있다.

비밀경찰 정치 경찰이라고도 하는데 정권에 반대하는 정치 활동을 하는 사람들을 단속하고 탄압하는 목적을 가진 경찰. 프랑스,

프로이센, 독일, 일본 등의 독재 정권에 존재했다.

사법부 어떤 문제에 대해 법을 적용하여 그것이 법에 위배되는지 아닌지, 위배된다면 어느 정도 위배되며 어떤 형벌을 받아야 하는지 판단하는 기관. 예를 들어 법원, 대법원을 의미한다.

세계무역기구(WTO, World Trade Organization) 세계 무역 질서를 바로 잡고 자유화를 통해 세계 교역을 증진하기 위한 목적으로 만들어진 기구. 1995년 출범하여 국가 간 경제 분쟁을 해소하고 마찰을 조정하는 역할을 한다.

시민 단체 일반 시민들이 자신의 이익이 아닌 국가 전체의 이익과 사회의 발전을 위해서 조직한 정치 활동 기구.

아랍 아시아 서남부 페르시아 만, 인도양, 아덴 만, 홍해에 둘러싸여 있는 지역. 아랍어를 쓰고 이슬람교를 국교로 정한 나라들로 구성된 곳을 의미한다.

아크로폴리스와 아고라 고대 그리스의 도시국가에 있던 언덕으로 정치와 종교의 중심지. 한편 아고라는 시장으로 경제 활동의 중심지인 동시에 많은 그리스 시민들의 소통의 중심지였는데, 아크로폴리스와 아고라는 고대 그리스의 도시국가들의 직접 민주주의의 상징이다.

아프리카의 뿔 에티오피아 · 소말리아 · 지부티가 자리 잡고 있는 아프리카 북동부를 가리키는 용어. 이곳의 지형이 마치 코뿔소의 뿔과 같이 인도양으로 튀어나와 있어서 붙은 이름이다.

유럽인권재판소(European Court of Human Rights) 1950년 UN의 세계 인권 규약을 강화하기 위해 유럽회의에서 만든 인권 및 기본권의 자유를 보호하기 위한 조약의 업무를 처리하기 위해 만들어진 곳.

유토피아 토마스 모어에 의해 만들어진 단어로 없는 장소라는 그리스어가 결합되어 만들어진 용어. 유토피아는 현실적으로는 존재하지 않는 이상의 나라, 이상향을 의미한다.

윤리 사람으로서 마땅히 행해야 하는 도

리. 윤리는 다른 말로 흔히 도덕이라고도 이야기할 수 있는데, 사회에서 한 개인이 구성원으로서 지켜야 하는 생활 양식이나 행동 기준을 윤리라고 한다.

이슬람교 아랍의 예언자 마호메트가 창시한 종교. 이슬람교에서는 정치와 종교를 일치하며 유일신인 알라를 숭배한다. 이슬람인은 알라가 마호메트를 통해 계시했다는 코란을 경전으로 삼으며 마호메트의 사망 이후 크게 수니파와 시아파로 분파하게 되었다.

이익 단체 경제적, 사회적 이익과 같은 특수한 자신의 이익을 추구하는 일반 시민들이 만든 단체. 정부나 정당의 정책에 압력을 행사하는 정치 활동 기구이다.

인종주의 특정한 인종이 다른 인종보다 우월하다는 인종 간의 불평등을 합리화하는 사고방식. 이러한 인종주의 때문에 홀로코스트, 아파르트헤이트와 같은 수많은 인종 차별의 사례가 등장하였다.

입법부 행정부와 사법부를 견제하고 법률을 제정하는 국가 기관. 예를 들어 국회나 의회 등을 의미한다.

입헌 군주제 군주가 존재하는 정치 제도이지만 군주는 형식적인 권한만을 가지며 실제 정치적 권한은 내각에 존재하고, 군주는 헌법에 정해진 제한된 권력만 행사하는 정치 제도. 현대에 존재하는 많은 군주제 국가들이 이러한 형태를 띤다.

정권 정치권력. 즉, 정권이란 정치상의 권력과 정치를 담당하는 권력 모두를 일컫는데, 일반적으로 정부를 구성하고 실제적으로 정치를 운용하는 권력을 가리킨다. 예를 들어 정당, 행정부, 내각을 의미한다.

정책 정부나 정치 단체가 정치적 목적을 실현하기 위해 만든 방침. 일반적으로 정부나 행정 기관이 공적인 목표를 달성하고 국가를 이끌어 나가기 위해 마련한 장기적인 행동 지침이라고 볼 수 있다.

정치 나라를 다스리는 일. 정치의 개념에 대해서는 다양한 의견이 있을 수 있다. 권력을 향한 다툼과 권력을 쟁취하는 과정을 정치라고 부르기도 하며, 국가의 질서를 바로잡고 국민의 삶을 보호하는 공권력과 통치 과정을 정치라고 하기도 한다. 때로는 이익을 조정하고 타협을 이끌어 내는 행위를 정치라고 하기도 한다.

제1차 세계 대전 1914년 오스트리아가 세르비아에게 선전 포고를 하며 시작된 전쟁. 영국, 프랑스, 러시아의 연합국과 독일, 오스트리아 동맹국 간의 4년간의 전쟁이다.

제2차 세계 대전 1939년에 발발한 전쟁으로 독일, 이탈리아, 일본 이렇게 세 전체주의 국가와 영국, 프랑스, 미국, 소련 등의 연합국 간의 전쟁. 제2차 세계 대전은 1945년까지 이어지면서 역사상 가장 큰 인명과 재산 피해를 낳았다. 독일, 이탈리아, 일본은 이 전쟁에서 패했다.

종교 개혁 루터의 요구로 시작된 16~17세기 유럽의 로마 가톨릭 교회 쇄신 요구 운동. 중세 시대를 거치면서 점점 영향력이 막대해지고 타락해 가던 가톨릭 교회를 개혁하고 프로테스탄트교를 탄생시킨 개혁이다.

종족 피부색과 같은 신체적 특징, 언어, 풍속과 같은 문화적 특징 등에 따라 분류된 단위. 부족이 공동체 내부의 구성원들에 의해 구별되는 것을 의미한다면 종족은 외부에서 구분된 공동체의 단위를 의미한다.

집단 학살 단순히 대량으로 사람을 살해하는 것이 아니라 특정한 종교, 인종이나 민족을 아예 멸종시키기 위해 사람을 살해하는 행위. 예를 들어 나치의 유대인 학살이 있다.

카리스마 카리스마란 그리스어 Khárisma에서 유래된 말로 본래는 예언이나 기적을 행할 수 있는 하느님의 선물, 은총을 의미하는 단어. 이후에 의미가 바뀌어 독일의 사회학자 베버에 의해 다른 사람들을 지배하고 복종시킬 수 있는 초자연적인 재능으로 사용되었다.

쿠데타 무력을 통해 정권을 탈취하는 일. 쿠데타는 혁명과는 다르게 민중의 지지가 결여된 정치 활동으로 은밀하게 진행되며 주요 정부 기관을 점령하여 지배자의 교체를 꾀하는 행위를 말한다.

평등 차별이 없는 상태. 평등은 자본주의나 사회주의 모두 중요시하는 개념이다.

핵 확산 금지 조약(NPT, Nuclear nonproliferation treaty) 핵무기 확산 방지를 위해 만들어진 조약으로 비핵보유국이 핵무기를 보유하는 것과 핵보유국이 비핵보유국에게 핵무기를 주는 것을 금지하는 조약. 1969년 국제연합 총회에서 만들어졌다.

행정부 국가의 목적을 달성하기 위해 여러 가지 일을 행하는 역할을 하는 국가 기관. 일반적으로 우리가 말하는 정부를 의미한다. 이 행정부는 입법부와 사법부를 견제하며 대통령은 행정부의 수반으로, 행정부의 모든 행위는 법의 구속을 받는다.

혁명 평의회 혁명의 과정에서 앞으로 어떻게 새로운 사회를 이끌 것인가를 계획하는 모임.

황제 황제는 왕을 다스리는 사람. 여러 국가를 통일한 로마나 중국과 같은 제국의 우두머리를 황제라고 한다. 보통 왕을 초월한 고차원적인 권위를 가진 사람을 이야기한다.

연표

기원전	**1100년**	도시 국가인 고대 그리스가 수립되었다.
	146년	직접 민주주의의 상징인 고대 그리스가 멸망하였다.
기원후	**1500년대**	루터의 종교 개혁으로 막강한 정치권력을 가지고 있던 교회의 힘이 약화되었다. 마키아벨리가 《군주론》을 발표했다. 르네상스라는 문화 부흥 운동으로 근대가 시작되었다.
	1600년대	영국에서 박해받던 청교도들이 신대륙인 미국에 정착하였다. 영국에서 국민의 인권에 관한 선언인 권리청원이 찰스 1세의 승인을 받았다. 국가의 중요한 구성요소인 주권을 처음으로 인정한 베스트팔렌 조약이 성립되었다.
	1900년대	홉스가 근대 정치사상의 기초가 되는 《리바이어던》을 발표했다. 로크가 자유주의의 중요한 시초가 되는 《통치론 제2논고》를 발표했다. 영국에서 의회 민주주의의 출발점인 명예혁명이 일어났다.
	1700년대	프로이센에서 프리드리히 대왕이 즉위했다.

프랑스에서 몽테스키외가 민주주의의 삼권분립의 기초가 되는 《법의 정신》을 발표했다.

루소가 《사회계약론》을 발표했다.

영국의 식민지 상태에 있던 미국이 독립 선언을 했다.

미국에서 최초의 국민선거가 시행되면서 민주주의의 기반을 다졌다.

프랑스에서 프랑스 혁명이 일어나 공화정이 수립되었다.

1800년대

나폴레옹 1세가 프랑스의 황제가 되었다.

청과 영국이 아편전쟁을 했다.

신성로마제국이 소멸되었다.

마르크스와 엥겔스가 〈공산당 선언〉을 발표했다.

러시아에서 전국의 농노를 해방하는 농노해방령이 내려졌다.

남북전쟁이후 미국에서 링컨이 노예해방을 선언했다.

일본에서 메이지 유신이 일어났다.

마르크스가 《자본론》을 발표했다.

1900년대

러일전쟁이 일어났다.

제1차 세계 대전이 발발했다.

러시아에서 볼셰비키 혁명이 일어났다.

제1차 세계 대전이 끝나고 파리 강화 회의가 열려 국제연합(UN)의 시초인 국제연맹의 창설이 결정되었다.

우리나라가 일본의 식민지에서 해방되었다.

미국의 대통령 우드로 윌슨이 세계 평화를 위한 14개 조항을 제시했다.

인도에서 간디가 영국에 비폭력 불복종 운동을 했다.

중국에서 공산당이 결성되었다.

소비에트 사회주의 공화국 연방이 탄생했다.

독일에서 히틀러가 나치 정권을 수립했다.

이탈리아에서 파시스트 내각이 수립되었다.

뉴욕의 주식 시장이 대폭락하면서 전 세계적으로 경제 공황이 일어나기 시작했다.

제2차 세계 대전이 발발했다.

스탈린이 소련의 인민위원회 의장으로 취임했다.

우리나라에서 한국전쟁이 발발했다.

소련이 새로운 패권 국가로 떠오르면서 냉전이 시작되었다.

워싱턴에서 북대서양조약기구 조약이 조인되었다.

베트남 전쟁이 발발했다.

우리나라에서 이승만, 박정희, 전두환 독재 정권에 대한 민주화 혁명이 일어나 마침내 민주주의 국가가 되었다.

소련이 정식으로 해체되면서 냉전이 종식되었다.

유럽연합(EU)가 창설되었다.

세계무역기구(WTO)가 출범했다.

2000년대

911테러가 일어나 이라크 전쟁이 발발했다.

튀니지 혁명에 이어 아랍의 봄, 중국의 모리화 혁명 등 전 세계적으로 민주화 운동이 일어났다.

더 알아보기

대한민국 국회 www.assembly.go.kr

우리나라의 입법부인 대한민국 국회 사이트로 현재 국회에서 일어나고 있는 정책 관련 논의들과 입법 현황을 살펴볼 수 있다. 또한 실제로 국회가 어떠한지 견학할 수 있도록 국회 관람 안내 정보가 있다.

청와대 www.president.go.kr

우리나라의 대통령이 근무하고 생활하는 공간인 청와대 사이트로 이곳에서는 대통령의 일정과 최신 소식, 해외 순방 자료와 국정 브리핑 등의 다양한 정보를 접할 수 있다. 또한 국회와 마찬가지로 견학 신청도 가능하다.

국제연합(UN) www.un.org

UN의 평화 유지, 난민 보호, 인권 보호 등의 다양한 활동들에 대해서 최신 정보를 접할 수 있으며 UN 가입 국가에서부터 기구 조직도까지 UN에 관한 모든 것을 알 수 있다.

뉴욕타임스 www.nytimes.com

미국을 대표하는 신문으로 전 세계 국가들의 다양한 최신 소식을 접할 수 있다.

뉴스위크 www.thedailybeast.com/newsweek

미국의 시사 잡지로 현재 세계의 경제적, 정치적, 사회적 이슈를 자세하게 논하는 잡지이다. 이 잡지를 통해서 세계에서 일어나고 있는 일들에 대한 안목을 기를 수 있다.

찾아보기

내인생의책 은 한 권의 책을 만들 때마다
우리 아이들이 나중에 자라 이 책이 '내 인생의 책'이라고 말할 수 있는 책을 만들고자 합니다.

세상에 대하여 우리가 더 잘 알아야 할 교양

㉘ 정치 제도 어떻게 변화할까?

스콧 위트머 글 │ 이지민 옮김 │ 박성우 감수

초판 발행일 2013년 9월 5일 │ 2쇄 발행일 2021년 10월 15일
펴낸이 조기룡 │ 펴낸곳 내인생의책 │ 등록번호 제10-2315호
주소 서울특별시 서초구 강남대로373 홍우빌딩 16층 114호
전화 (02)335-0449, 335-0445(편집) │ 팩스 (02)6499-1165
전자우편 bookinmylife@naver.com │ 카페 http://cafe.naver.com/thebookinmylife
편집주간 한소원 │ 편집장 이은아 │ 책임편집 진송이 │ 편집 신인수 이인영 조일현 이다겸
디자인 이자현 한은경 심재원 │ 마케팅 김상석 김종식 │ 경영지원 김지연

ISBN 978-89-97980-51-2 44300
ISBN 978-89-91813-19-9 44300(세트)

책값은 뒤표지에 있습니다. 잘못된 책은 구입처에서 바꾸어 드립니다.

이 도서의 국립중앙도서관 출판시도서목록(CIP)은 e-CIP 홈페이지(http://www.nl.go.kr/ecip)에서 이용하실 수 있습니다.
(CIP제어번호: 2013014039)

책은 나무를 베어 만든 종이로 만듭니다.
그래서 원고는 나무의 생명과 맞바꿀 만한 가치가 있어야 합니다.
그림책이든 문학, 비문학이든 원고 형식은 가리지 않습니다.
여러분의 소중한 원고를 bookinmylife@naver.com으로 보내주시면
정성을 다해 좋은 책으로 만들겠습니다.

디베이트 월드 이슈 시리즈

세상에 대하여 우리가 더 잘 알아야 할 교양

전국사회교사모임 선생님들이 번역한 신개념 아동·청소년 인문교양서!

《디베이트 월드 이슈 시리즈 세더잘》은 우리 아이들에게 편견에 둘러싸인 세계 흐름에서 벗어나 보다 더 적확한 정보와 지식을 제공합니다. 모두가 'A는 B이다.'라고 믿는 사실이, 'A는 B만이 아니라, C나 D일 수도 있다.' 는 것을 알려 주면서 아이들이 또 다른 진실을 발견하도록 안내합니다.

★ 전국사회교사모임 추천도서 ★ 문화체육관광부 우수교양도서 ★ 한국간행물윤리위원회 청소년 권장도서 ★ 서울시교육청 추천도서 ★ 보건복지부 우수건강도서 ★ 아침독서 추천도서 ★ 대교눈높이창의독서 선정도서 ★ 학교도서관저널 추천도서

세더잘 27

음식문맹 왜 생겨난 걸까?

김종덕 글

**식품 산업의 발달로 현대인들은 값싸고 풍부한 먹거리를 누리게 됐다.
vs 식품 산업의 발달로 되레 현대인들은 제대로 된 먹거리를 박탈당하고 말았다.**

현대인들은 아주 풍요로운 식생활을 누리고 있습니다. 하지만 우리가 먹는 게 진정 건강하고 질 좋은 먹거리인지 다시 생각해 볼 필요가 있습니다. 방부제와 인공 첨가물이 잔뜩 든 패스트푸드, 공장형 사육으로 생산된 고기, 유전자 조작 식품 등등. 이런 음식을 먹고 우린 정말 건강하게 살 수 있을까요? 현대 음식 문화에 대한 반성은 슬로푸드와 로컬 푸드라는 전혀 새로운 움직임을 낳고 있습니다.

세더잘 26

엔터테인먼트 산업 어떻게 봐야 할까?

스터지오스 보차키스 글 | 강인규 옮김

**엔터테인먼트 산업이 보여주는 폭력성, 선정성이 사회에 악영향을 미치고 있다.
vs 엔터테인먼트 산업이 실제로 사회 문제에 미치는 영향은 미비하다.**

엔터테인먼트 산업이 나날이 성장하면서 많은 사람이 엔터테인먼트 산업이 사회에 끼치는 영향에 대해 갑론을박을 벌이고 있습니다. 그렇다면 과연 엔터테인먼트 산업이 가지고 있는 폭력성과 선정성이 우리 사회에 결정적 영향을 미치는 걸까요? 아니면 사회에 숨어 있는 다양한 문제점들을 간과한 채 엔터테인먼트 상품에게 모든 책임을 전가하고 있는 것은 아닐까요? 이 책은 청소년들에게 현명한 엔터테인먼트 소비자가 되는 방법을 제시합니다.

세더잘 25

적정기술 모두를 위해 지속가능해질까?

섬광 글 | 김정태 감수

**적정기술은 소외된 사람만을 위한 지속가능하지 못한 기술이다.
vs 적정기술은 첨단기술처럼 선진국에서도 필요한 지속가능한 기술이다.**

적정기술이란 사회 공동체의 정치·문화·환경 조건을 고려해 삶의 질을 실질적으로 향상시키려는 기술입니다. 적정기술은 가난한 국가에만 적용되지 않고 장애, 빈곤, 자연재해로 고통받는 선진국 사람들에게도 필요하지요. 하지만 최근 적정기술의 실효성과 지속가능성에 의문이 제기되고 있습니다.

세더잘 24
국제 관계 어떻게 이해해야 할까?

닉 헌터 글 | 황선영 옮김 | 정서용 감수

상호 협력을 통해 인류의 평화와 번영을 이룩할 수 있다.
vs 국제 협력은 강대국이 자국의 이익을 관철시키려는 허울 좋은 명분에 불과하다.

이 책은 영토 분쟁부터 지구 온난화에 이르기까지 다양한 국제적 사안들을 깊이 있게 설명하며, 인류의 평화적 공존과 번영을 위해 고민해 봐야 할 중요한 논점들을 제시합니다. 또한, 각 국가는 물론 국제기구, 비정부기구 등 국제 질서를 구성하는 주체들이 협력과 경쟁, 대립을 통해 상호작용하는 과정을 다양한 예시를 들어 소개하고 있습니다.

세더잘 23
국가 정보 공개 어디까지 허용해야 할까?

케이 스티어만 글 | 황선영 옮김 | 전진한 감수

국민은 국가의 정보를 알 권리가 있다.
vs 시민의 생명과 재산을 위해 비밀 유지가 필요할 때도 있다.

이 책은 정보공개제도 확대의 역사와 찬반 논쟁에서 실제 정보공개를 청구하는 방법에 이르기까지 아주 꼼꼼히 기술했습니다. 더불어 정보공개제도가 시행됨에 따라 공무원들의 사생활이 침해되는 등 제도가 가지는 몇몇 문제점도 함께 고민하며 사고의 깊이를 더했습니다.

세더잘 22
줄기세포 꿈의 치료법일까?

피트 무어 글 | 김좌준 옮김 | 김동욱, 황동연 감수

줄기세포는 질병 퇴치와 수명 연장의 꿈을 실현해 줄 것이다.
vs 윤리적 논란과 안전성 문제가 해결되지 않는 한 섣부른 기대다.

줄기세포는 꿈의 치료법으로 기대를 모으며 국가적으로 지원받고 있는 의료 분야의 화두입니다. 이 책은 줄기세포에 대한 과학적 지식은 물론, 줄기세포 연구를 이해할 때 수반되는 동물 실험이나 유전 공학, 인간 복제, 민간 자본 개입 문제에 대해서도 자연스레 꿰어 감으로써 21세기 생명과학과 생명윤리 전반에 대한 기초 소양을 쌓게 해 줍니다.

세더잘 21
안락사 허용해야 할까?

케이 스티어만 글 | 장희재 옮김 | 권복규 감수

안락사는 가면을 뒤집어쓴 살인 행위에 불과하다.
vs 인간은 품위 있는 죽음을 선택할 수 있어야 한다.

이 책은 안락사 전반을 둘러싼 사회문화적, 철학적 쟁점들을 균형 있게 살펴보면서 삶과 죽음의 문제에 접근합니다. 안락사를 현대 의학의 효율성과 경제적 측면에서 바라보는 것이 아니라 삶과 죽음이라는 커다란 그림 안에서 바라보게 하는 것이지요. 끝없이 계속되는 안락사 찬반 논쟁을 살펴보면서 삶의 소중함을 깨달아 봅시다.

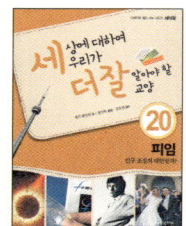

세더잘 20
피임 인구 조절의 대안일까?

재키 베일리 글 | 장선하 옮김 | 김호연 감수

태아는 태어날 권리가 있다.
vs 피임은 인간다운 삶의 필요조건이다.

피임과 인구 문제는 서로 어떤 연관성이 있을까요? 중국의 '한 자녀 정책'과 같은 국가 차원에서의 피임 정책이 인구 증가를 잡는 해결책이 될 수 있을까요? 출산율을 잡으려다 자칫 태아의 생명권만 침해하는 건 아닐까요? 일반적인 청소년 교양서들이 피임과 인구 문제를 분리해서 다루는 데 비해 이 책은 두 주제 간에 통합적인 사고를 이끌어 내는 게 특징입니다.

세더잘 19
유전 공학 과연 이로울까?
피트 무어 글 | 서종기 옮김 | 이준호 감수

유전 공학 기술의 발전과 활용은 반드시 필요하다.
vs 생물의 기본 구성 요소를 건드리는 것은 위험한 일이다.

인류는 인간의 삶에 유용하도록 동식물의 유전자를 변형시켜 왔습니다. 복제 양 돌리가 탄생하고 우유를 많이 생산해 내는 젖소와 육질이 풍부한 소는 물론 털이 빨리 자라는 양과 병해충과 농약에 강한 농작물 등이 바로 그 결과물입니다. 유전 공학의 발전으로 생명 연장의 길이 열리게 되었다고 열광하는 사람들도 있습니다. 이처럼 날로 발전하는 유전 공학의 기술이 과연 인간에게 이로운 것인지에 대해 함께 토론해 봅시다.

세더잘 18
낙태 금지해야 할까?
재키 베일리 글 | 정여진 옮김 | 양현아 감수

낙태는 개인의 선택에 맡겨야 한다.
vs 국가가 규제하고 제한해야 한다.

낙태는 금지되어야 할까, 아니면 허용해야 할까? 만약 허용한다면 어디까지 허용해야 할까? 이와 같은 낙태에 대한 논쟁은 아주 오래전부터 끊임없이 지속되어 왔습니다. 낙태는 아이를 가진 여성 개인의 문제만이 아닌 태아를 하나의 인격체로 봐야 하는지 아닌지에 대한 부분까지 고려해야 하는 결코 쉽지 않은 주제입니다.

세더잘 17
프라이버시와 감시 자유냐, 안전이냐?
캐스 센커 글 | 이주만 옮김 | 홍성수 감수

프라이버시는 인간의 본질적 권리로 우리 모두가 지켜 나가야 한다.
vs 개인 PR의 시대, 자신의 프라이버시를 얼마큼 보호하느냐는 각자가 선택할 사항이다.

거리 곳곳에는 CCTV가 넘쳐나고, 생체 정보로 신원을 확인하고, 인터넷을 쓰려면 사이트마다 개인 정보를 입력해야 하는 등 프라이버시 침해와 일상적인 감시가 만연한 시대가 되었습니다. 범죄 예방 등 공동체의 안전을 담보하고 정보화 시대의 편익을 누리면서도 기본적 인권인 프라이버시를 어떻게 지켜 낼 수 있을지 생각해 봅니다.

세더잘 16
소셜 네트워크 어떻게 바라볼까?
로리 하일 글 | 강인규 옮김

소셜 네트워크는 표현의 자유를 확장할 것이다.
vs 사생활 침해를 증가시킬 것이다.

페이스북이나 트위터와 같은 소셜 네트워크는 우리가 더 빠르고 빈번하게 소식을 주고받도록 도와줍니다. 아이티에서 지진이 발생했을 때도, 허리케인이 미국을 강타했을 때도, 이 소식을 가장 먼저 전했던 것은 바로 SNS였습니다. 하지만 역기능도 만만치 않습니다. 소셜 네트워크는 우리 생활을 어떻게 바꾸고 있을까요?

세더잘 15
인권 인간은 어떤 권리를 가질까?
은우근, 조셉 해리스 글 | 전국사회교사모임 옮김

인권은 모든 지역, 모든 사람에게 동등하게 적용되어야 한다
vs 인권의 잣대를 일률적으로 들이대선 안 된다

신문을 펼치면 연일 보도되는 비정규직 문제, 주택 문제, 성 폭력, 학교 폭력, 이주민 문제 등 인간사 모든 것이 인권과 관련되어 있습니다. 이 책은 인권 개념의 발견에서부터 하나하나의 구체적 권리를 세우기까지 인권 발전의 역사를 통해 인권의 이론과 실제를 한눈에 살피고 인권감수성을 키워 줍니다.

세더잘 14
관광산업 지속 가능할까?
루이스 스펠스베리 글 | 정다워 옮김 | 이영관 감수

관광산업은 일자리를 창출하고, 국가 경제에 큰 도움이 된다.
vs 관광산업은 자연을 훼손하고, 현지인의 전통적 삶의 방식을 파괴한다.

관광산업이 커지면서 사람들은 경제가 발전하고 다른 문화에 대한 접근성이 높아지는 이점을 누리게 되었습니다. 한편, 관광산업 노동자들의 근로 환경이 오히려 열악해지거나 자연이 훼손되는 부작용도 생겨났습니다. 이러한 문제들을 극복하기 위한 관광이 바로 지속 가능한 관광입니다. 책임관광, 공정여행이라고도 불리는 지속 가능한 관광을 다양한 관점에서 성찰해 봅니다.

세더잘 13
동물실험 왜 논란이 될까?
페이션스 코스터 글 | 김기철 옮김 | 한진수 감수

동물실험은 과학과 의학의 진보를 위해 반드시 필요하다.
vs 동물실험은 무의미하게 생명을 죽이므로 폐지해야 한다.

동물실험은 새로이 개발된 의약품이나 화학물질 등을 시판하기 전, 그 안전성을 검증하기 위해서 거치는 과정입니다. 인류는 수많은 동물의 희생으로 건강한 삶을 얻었습니다. 그러나 그 희생이 과연 윤리적으로 합당한지는 생각해 볼 문제입니다. 첨예한 논란을 일으키는 동물실험의 찬반양론을 명쾌하게 정리한 이 책을 읽고 과학 윤리에 대해 생각해 봅시다.

세더잘 12
군사 개입 과연 최선인가?
케이 스티어만 글 | 이찬 옮김 | 김재명 감수

군사 개입은 인권 보호를 위해 필요하다.
vs 군사 개입은 다른 나라의 주권을 침해할 뿐이다.

군사 개입은 세계에서 가장 논란이 되는 문제 중 하나입니다. 군사 개입으로 인해 사람이 죽고 공동체가 파괴되기 때문이지요. 폭력을 막기 위해 또 다른 폭력을 사용해도 될까요? 전쟁에 시달리고 있는 지구촌이 평화를 되찾는 법은 없을까요? 이 책은 국제 사회의 뜨거운 감자, 군사 개입을 다루며 지구촌 폭력과 평화에 대해 폭넓게 성찰하게 합니다.

세더잘 11
사형제도 과연 필요한가?
케이 스티어만 글 | 김혜영 옮김 | 박미숙 감수

사형은 국가가 행하는 합법적인 살인이므로 폐지되어야 한다.
vs 사형은 범죄를 억제하는 가장 효과적인 방법이므로 존치시켜야 한다.

사형제도 존폐를 둘러싼 팽팽한 논쟁은 지금도 이어지고 있습니다. 이 책은 사형제도 존폐론 외에도 사형 집행의 과정을 생생한 사례와 구체적인 논거로 철저히 분석합니다. 과연 사형에서 공정한 집행이 이루어지고 있는지, 오류는 없는지 등을 포함해, 사형제도를 둘러싼 국제적 이슈를 담아냈습니다. 이 책을 읽고 사형제도에 대한 자신만의 생각을 정립해 봅시다.

세더잘 10
성형수술 외모지상주의의 끝은?
케이 스티어만 글 | 김아림 옮김 | 황상민 감수

미용 성형 산업을 객관적인 시선으로 바라보도록 도와주어
현대 사회에 대한 근본적인 물음을 던지게 하는 책

성형 수술의 역사, 의미, 효과, 역사적 배경, 성형 산업의 현실 등을 상세하게 설명해 미용 성형에 대해 스스로 생각하고 합리적으로 판단할 수 있는 힘을 길러줍니다. 마땅히 '수정되어야 할 몸'에 대한 끊임없는 강박과 열등감이 만연한 현대 사회를 어떻게 바라봐야 할지 다시 한 번 깊이 생각하게 해 줄 것입니다.

세더잘 09

자연재해 인간과 자연이 공존하는 길은?

안토니 메이슨 글 | 선세갑 옮김

자연재해에 관한 사회·과학 통합서
'자연 대 인간'에서 '자연과 인간'으로!

이 책은 자연재해의 유형과 원인을 과학 원리로 설명하고,
피해자 구조나 복구 과정, 방재 대책 등에 관해 체계적으로 살펴봅니다. 또한 자연재해의 이면에 숨어 있는 정치·경제적인 논의와 함께 인간의 무분별한 행태가 재해를 부추기는 면도 지적하며 인문학적인 성찰을 유도합니다.

세더잘 08

미디어의 힘 견제해야 할까?

데이비드 애보트 글 | 이윤진 옮김 | 안광복 추천

미디어는 규제받아야 한다.
vs 미디어는 자유로워야 한다.

오늘날 제4의 권력이라고 불릴 정도로 강력해진 미디어의 힘에 대해 알아봅니다. 미디어를 지탱하는 언론 자유와 그 힘을 통제하려는 정부의 규제 사이에 벌어지는 논쟁에 대한 다양한 관점을 제시하고, 미래의 미디어가 나아가야 할 방향에 대해서 생각해 보도록 돕습니다.

세더잘 07

에너지 위기 어디까지 왔나?

이완 맥레쉬 글 | 박미용 옮김

지구 온난화, 전쟁과 테러, 허리케인…
이 모든 것은 에너지 위기에서 비롯되었다!

우리는 에너지 없는 세상에서 하루도 살 수 없습니다. 하지만 현재 속도로 에너지를 소비한다면 앞으로 40년 이내에 주에너지원인 석유가 고갈될 것입니다. 이 책은 에너지 위기가 불러올 정치, 사회, 경제, 환경의 변화를 알아보고, 무엇이 화석연료를 대신할 차세대 에너지원이 될지 꼼꼼히 따져 봅니다.

세더잘 06

자본주의 왜 변할까?

데이비드 다우닝 글 | 김영배 옮김 | 전국사회교사모임 감수

인류를 위한 가장 바람직한 자본주의의 변화상은 무엇인가?

자본주의의 역사와 발전상에 대해 알아보면서 자본주의라는 경제 체제가 인류를 위해 어떻게 복무했는지, 문제가 발생하면 그때마다 인류에게 봉사하기 위해 어떤 모습으로 변신했는지에 대해 알아봅니다. 이를 통해 논쟁이 끊이지 않는 21세기의 자본주의가 어떻게 변해야 할지에 대해 생각해 보도록 합니다.

세더잘 05

비만 왜 사회문제가 될까?

콜린 힌슨, 김종덕 글 | 전국사회교사모임 옮김

왜 지구 한쪽에서는 굶어 죽는데,
다른 한쪽에서는 비만으로 죽는 걸까?

이 책은 이러한 역설에서 출발합니다. 오늘날 비만이 왜 사회 문제가 되었는지 역사적, 문화적 관점에서 살피고 선진국과 개발도상국에서 나타나는 비만 문제의 양상과 그 속에 숨은 식품산업의 어두운 그림자, 나아가 전 세계적 차원의 식량 문제로까지 사고의 범위를 넓혀 줍니다.

세더잘 04

이주 왜 고국을 떠날까?

루스 윌슨 글 | 전국사회교사모임 옮김 | 설동훈 감수

지구촌 다문화 시대의 국제 이주 바로 알기

오늘날 국제 사회와 다문화, 다민족 사회를 이해하기 위해 꼭 알아야 할 '이주'에 관한 책. 왜 사람들은 이주를 선택하거나 강요받는지에 대한 다양한 관점을 제시하고, 또 이에 대한 정부의 정책과 국제기구의 활동도 알려줍니다.

세더잘 03

중국 초강대국이 될까?

안토니 메이슨 글 | 전국사회교사모임 옮김 | 백승도 감수

세계 초강대국으로 떠오르고 있는 중국 바로 알기

우리나라는 정치·경제적으로 중국과 더욱 긴밀한 관계를 맺고 있습니다. 가까운 미래에 중국의 영향력은 더 커질 것이기에 중국을 제대로 이해해야 합니다. 이 책은 객관적 시선으로 중국을 편견 없이 바라보도록 돕습니다.

세더잘 02

테러 왜 일어날까?

헬렌 도노호 글 | 전국사회교사모임 옮김 | 구춘권 감수

평화로운 세상을 위해 더 잘 알아야 하는
불편한 진실, 테러

이 책은 테러에 대해 어떤 특정 사건과 집단 대신 '테러'라는 하나의 축으로 세계 갈등의 역사를 조망합니다. 나아가 평화로운 세상을 만들기 위해서 테러에 대해 잘 알아야 한다고 역설합니다.

세더잘 01

공정무역 왜 필요할까?

아드리안 쿠퍼 글 | 전국사회교사모임 옮김 | 박창순 감수

공정 무역 = 페어플레이. 초콜릿과 축구공으로 보는 세계 경제의 진실

공정무역을 포함한 무역과 시장경제를 올바르게 이해하도록 돕습니다. 오늘날 기업은 생존과 발전을 위해서 사회적 책임을 다해야 하고, 따라서 공정무역에 관심을 가질 수밖에 없습니다. 우리 아이들이 미래의 리더가 되기 위해 꼭 알아야 할 공정무역에 관한 책입니다.

※ 디베이트 월드 이슈 시리즈 **세더잘**은 계속 출간됩니다.

청소년을 위한 세계경제원론

이론과 현실을 조화롭게 아우른 생생한 세계경제원론서!

바바라 고트프리트 홀랜더 외 글 | 김시래, 유영채 옮김 | 이지만 감수
각 권 84~104쪽 | 각 권 10,000~12,000원

01 경제학 입문
수요와 공급에서부터 사업 조직, 대출과 이자, 중앙은행과 정부의 역할, 경제 체제 그리고 무역에
이르기까지 경제학의 기본 개념을 배우며 경제를 보는 눈을 기릅니다.

02 금융 시장
금융 시장의 개념과 작동 원리, 투자의 기본적인 기능과 예금, 적금, 주식, 채권 등 보상과 위험이 공존하는
다양한 금융 투자의 세계를 알아봅시다.

03 경제 주기
경제 주기란 무엇이며 경기가 호황인지 불황인지를 어떤 지표로 판단하는지 배웁니다. 세계경제가 어떻게
변화해 왔는지와 더불어 현재 세계경제가 처한 상황도 짚어 봅니다.

04 세계화의 두 얼굴
시장과 무역의 역사, 세계화가 노동자와 기업, 선진국과 개발 도상국, 환경과 문화 등 사회 전반에 미치는
영향과 부작용, 문제를 해결해 나가기 위해 함께 노력하는 국제 사회의 모습을 살펴봅니다.

★서울시교육청 추천도서 ★한국간행물윤리위원회 선정도서